글로벌 **중국어**

글로벌중국어편찬위원(가나다순)

이인경　장호득　정현애　황현국

글로벌 중국어

2016년 8월 25일 초판 발행
2020년 3월 10일 3쇄 발행

펴 낸 이 | 김수복
기　　획 | 김남필
제　　작 | 성두현
마 케 팅 | 김민배
펴 낸 곳 | NOSVOS
삽　　화 | 장혜지
디 자 인 | 방인구
등　　록 | 1968. 2. 27 : No. 제03-00095호
주　　소 | 경기도 용인시 수지구 죽전로 152번지
전　　화 | 031-8005-2404~5
팩　　스 | 031-8021-7154

값 14,000원

ISBN 978-89-7092-567-7 03720

- 'NOSVOS'는 라틴어 'Nos(우리가)'와 'Vos(당신을)'의 합성어로
지혜로운 삶을 지향하는 분들에게 유익한 도서를 펴내겠다는 의지를 담고 있습니다.

듣기 자료는 단국대학교 출판부 홈페이지(http://cms.dankook.ac.kr/web/dkup)
"커뮤니티 → MP3자료실"에서 다운로드 가능합니다.

글로벌
중국어

NOSVOS

머리말

이 책의 제목은『글로벌 중국어』이다. 우리가 살고 있는 이 시대는 그야말로 글로벌 시대이다. 교류해야 할 대상, 교류하는 시간, 공간이 더 많아지고 더 넓어지면서도 더 가까워지고 있다. 이런 글로벌 교류 시대에 갖추어야 할 소양 가운데 하나가 바로 언어이다.

우리는 요즘 G2(USA and China)라는 말을 많이 듣는다. G2에 걸맞은 L2(English and Chinese) 시대가 우리 앞으로 다가왔다는 뜻이다. 즉, 영어는 기본이며 중국어는 필수인 시대가 성큼 다가왔다.

현 시대적 상황이 우리에게 이를 잘 증명해 주고 있다. 세계무역기구(WTO)가 발표한 2015년 무역 통계에 따르면 물품에 한한 중국의 교역 총액(수출입의 합계)은 3조 9,570억 달러를 돌파하며, 3년 연속 세계 1위를 차지했다. 그리고 우리나라의 대중국 교역 총액은 2004년부터 미국을 2위로 밀어내고 1위로 올라서더니, 2015년에 와서는 우리나라의 대중국 교역 총액이 2,270억 달러로, 대미국 교역 총액 1,140억 달러의 두 배에 이르고 있다. 이렇듯 중국이 세계에서 차지하는 위상, 우리나라와의 관계 등에서 볼 때도 이제 중국어는 필수로 갖추어야 하는 소양이 된 것이다.

이상의 견지로 편찬된 이 교재의 특징과 학습법을 아래에 적는다.

첫째, 실생활 속에서 바로 적용할 수 있는 내용을 담고 있다. 예를 들면 '정자역', '죽전역' 등 일상적으로 접하는 내용을 다루어 생활 속에서 바로 적용할 수 있도록 하였다.

둘째, 지식을 받아들이는 수동적 학습보다 상호작용을 통해 능동적으로 습득하도록 유도하고 있다. 이런 차원에서 배운 본문 지식을 바탕으로 활용하는 연습을 많이 할 수 있도록 구성하였다.

셋째, 외국어를 배우는 목표는 '정확正確하게, 유창流暢하게 그리고 빨리 배우는 것'일 것이다. 이 목표를 효율적으로 달성하기 위해 '원리와 익힘으로 가르치고 배우기(Teaching and Learning by Principles and Practices)'에 초점을 맞추었다. 즉, 기본 낱말과 문장을 배운 후 문장의 구성 원리에 따라 실생활 속에서 익힘으로써 중국어를 마스터하는 기초를 닦을 수 있도록 하였다.

아래의 사항에 유념하면서 중국어 기초를 잘 닦아 글로벌 시대에 걸맞은 소양을 갖추기 바란다.

첫째, '敎'(가르칠-효)는 '가르쳐 이끎[敎導]'과 '배움[學]'의 뜻을 포괄하고 있는 말이다. 즉, "가르치는 자세로 배우고, 배우는 자세로 가르치다."는 뜻으로 '교학상장敎學相長'과도 맥이 통하는 말이다. 그러므로 '역지사지易地思之'의 입장에서, 단순히 수동적으로 배운다는 생각보다 적극적이고 능동적인 마음가짐으로 가르친다는 입장에서 배우는 자세를 갖추기 바란다.

둘째, '이간어번(以簡馭繁: 간단한 원리로 복잡한 내용을 제어하다)'이라는 두뇌의 원리를 활용해야 한다. 핵심적인 원리와 방법으로 '체험적體驗的, 반복적反復的, 창의적創意的 갈무리' 훈련을 통하여 복잡다단한 중국어의 문장 구조를 자신 있게 부려 쓸 수 있도록 해야 한다. 주입된 내용을 단순하게 읊는 것이 아니라 두뇌에 입력된 언어 자료를 창의적으로 활용하여 말을 구사해내는 역발상逆發想의 방식으로 익혀야 한다.

셋째, 술어 중심의 학습법이 되도록 한다. 즉, 술어의 용법을 먼저 이해하고 그 술어를 다양하게 활용하면서 술어를 우선 순위에 두고 익히는 연습을 많이 해야 한다.

> 知之者不如好之者，好之者不如樂之者。(아는 자는 좋아하는 자만 못하고, 좋아하는 자는 즐기는 자만 못하다.)
>
> 滴水穿石。(낙숫물이 댓돌을 뚫는다. The drop hollows the stone, not by its force, but by its frequency.)
>
> 功到自然成。(노력이 다다르면 자연히 이루어진다.)

이 책의 집필 동기가 학습자들에게 잘 전달되어 글로벌 소양의 기초를 닦는 좋은 계기가 되었으면 하는 것이 필자들의 조그마한 바람이다. 이 책이 나올 수 있도록 물심양면으로 지원해준 단국대학교에 감사드리며, 바쁜 일정 가운데서도 제작에 힘써 주신 정진형 선생님, 깔끔한 편집으로 온힘과 정성을 다해 주신 성두현, 박보혜 두 분 선생님께도 감사의 말씀을 드린다.

이 책의 오류는 전적으로 저자들에게 있다. 독자 여러분의 많은 질정叱正을 기다린다.

2016.08.15. 저자 일동

차 례

第一课 중국어란? ······ 8

第二课 발음 연습 – 성모와 운모 ······ 14

第三课 발음 연습 – 규칙의 변화 ······ 20

第四课 你好! ······ 26

第五课 你叫什么名字? ······ 40

第六课 你家有几口人? ······ 54

第七课 今天几月几号? ······ 68

第八课 今天你几点起床? ······ 82

第九课 这学期你选了几门课? ······ 96

第十课 到檀国大学怎么走? ······ 110

第十一课 我要买衬衫。 …… 124

第十二课 你吃过哪些韩国菜? …… 138

第十三课 我的爱好是看电视。 …… 152

第十四课 你打算做什么? …… 166

● 연습 문제 정답 …… 181

● 듣기 대본 …… 193

第一课

중국어란?

우리가 배울 중국어에 대해 알아보자.

1. 표준 중국어 – 보통화

중국은 한반도의 44배에 달하는 넓은 면적에서 56개의 다양한 민족이 모여 사는 나라이다. 중국어를 한어(漢語)라고 하는데 한족(漢族)의 언어라는 뜻이다. 우리나라에서도 여러 가지 사투리가 사용되고, 심한 경우에는 잘 알아듣기 어려운 경우도 있다. 그러니 중국 같은 곳에서는 어떨지 상상하기도 어렵다. 지역마다, 민족마다 사용하는 방언이 달라서 통일된 표준 중국어가 필요했고 그래서 정해진 것이 보통화(普通話)이다. 영어로는 만다린(Mandarin)이라고 한다.

우리가 배우게 될 보통화는 베이징 지역의 발음을 표준음으로 하고, 북방 중국어의 문법을 수용하여 정해진 것으로 중국 이외의 중국어 사용 지역에서는 화어(華語), 국어(國語)라고도 한다.

2. 표준 한자

중국인들이 사용하는 언어는 한어이고 그 언어를 기록하는 문자는 한자이다. 대한민국도 한자 문화권에 속하는 나라로 한자에 비교적 익숙하다고 할 수 있다. 하지만, 현재 중국에서 사용하는 표준 한자는 우리가 알고 있는 한자와 조금 다른 것들도 섞여 있다. 간화자(簡化字) 혹은 간체자(簡體字)라고 하는 것으로 옛날 글자, 속자, 행서나 초서의 흘려 쓴 형태를 정형화한 것 등이 포함된다. 복잡하고 획이 많은 글자를 단순화한 경우가 많아서 훨씬 쉽고 편하게 익히고 쓸 수 있다. 중국의 간체자와 비교해 타이완이나 우리나라에서 쓰고 있는 한자를 번체자(繁體字)라고 한다.

번체자	간체자
中國	中国

3. 표기법

중국어를 배우기 위해서는 한자로 표기된 문장을 보고 읽을 줄 알아야 한다. 한자는 한글과 같은 표음문자(表音文字)가 아닌 표의문자(表意文字)라서 문자를 보고 의미를 파악하기는 상대적으로 쉬울 수 있지만 발음하는 방법은 알기가 어렵다. 그래서 중국어 교과서에는 모든 한자 아래에 발음을 표기하는데 이것을 한어병음(漢語拼音)이라고 한다.

4. 음절의 구성

한 개의 한자는 한 개의 음절로 발음되는데, 하나의 음절은 성모와 운모, 성조의 세 가지 요소로 이루어져 있다.

5. 성조

중국어는 성조가 의미 변별에 중요한 역할을 하는 언어이다. 성조란 음의 높낮이와 변화를 나타내는 것으로서 우리가 배울 표준 중국어에는 모두 4가지 성조가 있다. 각각 제1성, 제2성, 제3성, 제4성이라고 부르는 4성은 소리 나는 모양을 본떠 만들어진 기호 ˉ, ˊ, ˇ, ˋ로 표시한다.

소리의 높이와 모양을 비교하여 표시하면 그림과 같다.

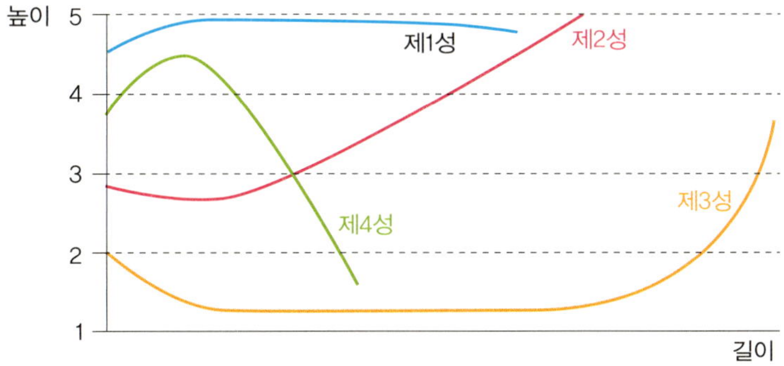

6. 운모

운모는 한글에서 중성과 종성을 합한 개념이라고 할 수 있다. 1~3개의 모음만으로 구성되기도 하고 -n, -ng의 자음이 더해지기도 한다. 그 중에서 기본이 되는 운모 6개를 소개하면 아래와 같다.

a 한국어 발음의 '아'를 발음할 때처럼 입을 벌리고 내는 소리.

o 한국어 발음의 '우'와 '오'의 중간인데 '오'에 가까운 소리.

e 한국어 발음의 '어'와 비슷한데 구강을 'o' 운모 발음할 때와 같이 만들어서 내는 소리.

i 한국어 발음의 '이'와 같은 소리.

u 한국어 발음의 '우'와 같은 소리.

ü 한국어 발음의 '위'와 비슷한데, 입술을 '이'처럼 시작하여 '위'로 모으며 내는 소리.

연습 문제

1. 성조에 주의하며 읽어보시오. 1-1

(1) ā ō ē ī ū ǖ
(2) á ó é í ú ǘ
(3) ǎ ǒ ě ǐ ǔ ǚ
(4) à ò è ì ù ǜ

2. 운모와 성조에 구분하며 읽어보시오. 1-2

(1)			(2)			(3)		
	ā	ē		ō	ī		ū	ǖ
	ā	é		ō	í		ū	ǘ
	ā	ě		ō	ǐ		ū	ǚ
	ā	è		ō	ì		ū	ǜ

(4)			(5)			(6)		
	ī	ā		ǖ	ō		ē	ū
	ī	á		ǖ	ó		ē	ú
	ī	ǎ		ǖ	ǒ		ē	ǔ
	ī	à		ǖ	ò		ē	ù

3. 녹음을 듣고 성조를 표기해 보시오. 1-3

(1) i u o e
(2) a ü e o
(3) u a i ü
(4) o e a i

듣기 자료는 단국대학교 출판부 홈페이지(http://cms.dankook.ac.kr/web/dkup)
"커뮤니티 → MP3자료실"에서 다운로드 가능합니다.

연습 문제

4. 큰소리로 읽어보시오.

(1)

拉 lā

佛 fó

怒 nù

(2)

哥 gē

鸡 jī

绿 lǜ

5. 녹음을 듣고 해당하는 발음을 고르시오. 1-4

(1) ① á　② ì　③ ū　④ ǚ

(2) ① ò　② é　③ ā　④ ù

(3) ① ǖ　② ǐ　③ ú　④ ò

第二课

발음 연습 – 성모와 운모

발음 연습 - 성모와 운모

1. 성모

한글음의 초성에 해당하는 것으로 몇 개의 성모 외에는 대부분 한글의 자음에 대응시킬 수 있다.

운모 성모	a	o	e	i	u	ü
b	ba	bo		bi	bu	
p	pa	po		pi	pu	
m	ma	mo		mi	mu	
f	fa	fo			fu	
d	da		de	di	du	
t	ta		te	ti	tu	
n	na		ne	ni	nu	nü
l	la		le	li	lu	lü
g	ga		ge		gu	
k	ka		ke		ku	
h	ha		he		hu	
j				ji		ju
q				qi		qu
x				xi		xu
z	za		ze	zi	zu	
c	ca		ce	ci	cu	
s	sa		se	si	su	
zh	zha		zhe	zhi	zhu	
ch	cha		che	chi	chu	
sh	sha		she	shi	shu	
r	ra		re	ri	ru	
y	ya	yo	ye	yi		yu
w	wa	wo			wu	

발음 연습 - 성모와 운모

2. 복운모

6개의 기본 운모가 2~3개 합해져 구성된 운모를 복운모라고 한다.

(1) 2개의 모음으로 구성된 운모

ai ei ao ou

2-1

kāi(开)	lái(来)	ǎi(矮)	ài(爱)
hēi(黑)	péi(陪)	gěi(给)	mèi(妹)
dāo(刀)	máo(毛)	lǎo(老)	zhào(照)
zhōu(周)	tóu(头)	zǒu(走)	ròu(肉)

ia ie ua uo üe

2-2

jiā(家)	xiá(霞)	liǎ(俩)	qià(恰)
jiē(街)	bié(别)	jiě(姐)	xiè(谢)
huā(花)	huá(滑)	zhuǎ(爪)	guà(挂)
duō(多)	guó(国)	huǒ(火)	zuò(坐)
quē(缺)	xué(学)	xuě(雪)	lüè(略)

(2) 3개의 모음으로 구성된 운모

iao iou uai uei

2-3

jiāo(教)	liáo(聊)	xiǎo(小)	tiào(跳)
diū(丢)	qiú(求)	jiǔ(酒)	liù(六)
guāi(乖)	huái(怀)	chuǎi(揣)	kuài(快)
guī(归)	huí(回)	zuǐ(嘴)	duì(对)

3. 비운모

모음에 n, ng 등의 자음이 연결되는 운모로, 콧소리가 나기 때문에 비(鼻)운모라고 한다.

an en ang eng ong 2-4

sān(三)	nán(难)	mǎn(满)	fàn(饭)
gēn(跟)	rén(人)	kěn(肯)	mèn(闷)
pāng(乓)	máng(忙)	gǎng(港)	bàng(棒)
dēng(灯)	méng(萌)	děng(等)	zhèng(正)
zhōng(中)	hóng(红)	zǒng(总)	dòng(动)

in ing ian iong 2-5

xīn(新)	nín(您)	pǐn(品)	jìn(近)
tīng(听)	míng(名)	qǐng(请)	xìng(姓)
biān(边)	nián(年)	diǎn(点)	jiàn(见)
xiōng(兄)	qióng(穷)	jiǒng(炯)	xiòng(敻)

uan uen uang ueng 2-6

guān(关)	huán(还)	nuǎn(暖)	suàn(算)
wēn(温)	hún(魂)	gǔn(滚)	kùn(困)
shuāng(双)	chuáng(床)	guǎng(广)	zhuàng(壮)
wēng(翁)			

ün üan 2-7

jūn(军)	qún(裙)	xùn(训)	
quān(圈)	quán(全)	xuǎn(选)	juàn(卷)

연습 문제

1. 성조를 구분하며 읽어보시오. 2-8

(1) biē bié biě biè
duī duí duǐ duì
juān juán juǎn juàn
zuān zuán zuǎn zuàn

(2) fēn fén fěn fèn
gūn gún gǔn gùn
xiōng xióng xiǒng xiòng
shōu shóu shǒu shòu

2. 성모에 주의하여 읽어보시오. 2-9

(1) bāi pāi
làng nàng
zōu zhōu
jián qián

(2) dǎo tǎo
kēn hēn
sòng zhòng
rèng lèng

(3) cán sán
xuǎn quǎn
cěng kěng
xuān shuāng

3. 성조와 운모에 주의하여 읽어보시오. 2-10

(1) māo máo
tāng tàng
zuí zuǐ
rún rùn

(2) piān piāo
kào kòu
dóu duó
shuǎi shuǐ

(3) nián niàng
lōu luàn
hēi hèn
chuǎng cháng

연습 문제

4. 큰소리로 읽어보시오.

(1)

飞机 fēijī

医生 yīshēng

咖啡 kāfēi

(2)

牛奶 niúnǎi

毛衣 máoyī

颜色 yánsè

(3)

照片 zhàopiàn

热水 rèshuǐ

面包 miànbāo

5. 녹음을 듣고 해당하는 발음을 고르시오. 2-11

(1) ① kūqì ② gùkè ③ kèrén

(2) ① Shànghǎi ② suānnǎi ③ shàngkè

(3) ① dàxué ② chídào ③ diànhuà

(4) ① wánjù ② wànsuì ③ mántou

第三课

발음 연습 - 규칙의 변화

발음 연습 - 규칙의 변화

1. 성조의 변화

(1) 제3성의 변화

제3성의 글자와 제3성의 글자가 연달아 발음될 때, 앞의 글자를 제2성처럼 발음한다.

예) Nǐ hǎo(你好! 안녕하세요!) – Ní hǎo!

xǐ zǎo(洗澡 목욕하다) – xí zǎo

shuǐguǒ(水果 과일) – shuíguǒ

제3성을 제외한 나머지 성조의 글자와 연결해서 발음할 때는, 앞의 제3성을 천천히 내려가는 전반부만 발음하는 반3성으로 발음한다.

Běijīng(北京 베이징)　　nǚ'ér(女儿 딸)

pǎobù(跑步 달리다)　　jiǎozi(饺子 만두)

(2) 一와 不의 성조 변화

숫자 一yi의 원래 성조는 제1성이다. 단독으로 사용하거나 문장의 끝에 쓸 때, 혹은 서수로 쓸 때는 그대로 제1성으로 발음한다.

一 yī 1.　　二十一 èrshíyī 21.

第一 dì yī 첫째.　　一班 yībān 1반.

이러한 경우를 제외하고는, 제4성의 글자 앞에서는 제2성으로, 나머지 성조의 글자 앞에서는 제4성으로 발음한다.

一样 yíyàng 똑같다.　　一定 yídìng 반드시.

一点 yìdiǎn 조금.　　一直 yìzhí 줄곧, 곧장.

부정을 표시할 때 사용하는 不bù는 뒤에 이어지는 글자가 제4성일 때 제2성으로 발음한다.

不错 búcuò 괜찮다.　不快búkuài 빠르지 않다.

不过 búguò 하지만.　不对 búduì 옳지 않다.

발음 연습 - 규칙의 변화

(3) 경성(輕聲)

원래 글자가 갖고 있는 성조대로 정확하게 발음하지 않고 짤막하고 가볍게 발음하는 방법이다. 제1성, 제2성, 제3성, 제4성의 일정한 소리의 모양이나 높이, 길이가 없이 앞 글자에 바로 이어서 가볍게 발음하기 때문에 앞 글자의 성조에 따라서 자연스럽게 높이가 정해진다.

제1성+경성

qīngchu(清楚 또렷하다) shūfu(舒服 편안하다) xiūxi(休息 쉬다) yīfu(衣服 옷)

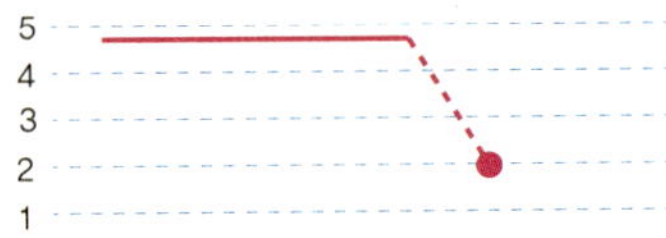

제2성+경성

tóufa(头发 머리카락) fángzi(房子 집) máfan(麻烦 번거롭다) péngyou(朋友 친구)

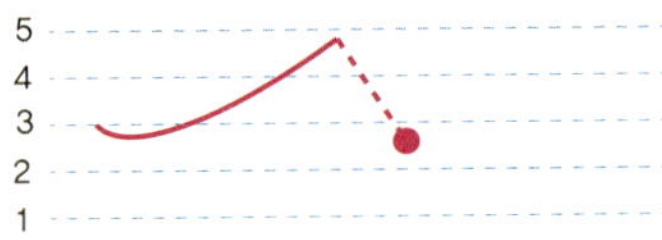

제3성+경성

wǒmen(我们 우리들) jiějie(姐姐 언니,누나) nǎinai(奶奶 할머니) wǎnshang(晚上 저녁)

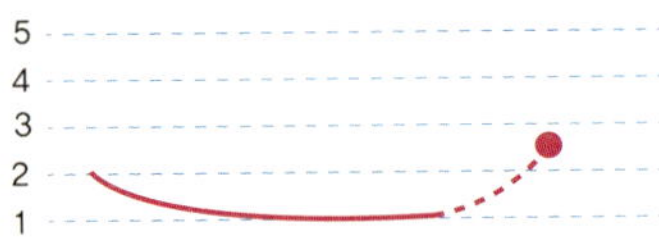

제4성+경성

bàba(爸爸 아빠) kuàizi(筷子 젓가락) rènshi(认识 알다) gàosu(告诉 알려주다)

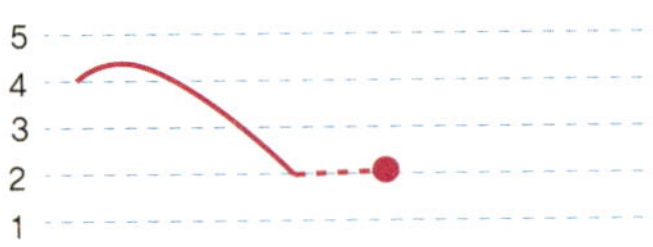

발음 연습 - 규칙의 변화

2. 한어병음방안의 변화

(1) w-, y- : 6개의 기본운모 가운데 –i, –u, -ü는 단독으로 음절을 구성하거나 음절의 맨 앞자리에 놓일 수 없다. 성모 없이 뒤에 다른 운모도 오지 않는 경우, -u 앞에는 w를 붙이고 -i와 -ü 앞에는 y를 붙여서 음절을 구성한다. y와 결합한 -ü는 두 점을 지우고 yu로 표기한다.

wu(u) yi(i) yu(ü)

–i, –u, -ü에 다른 모음이 더해져 음절을 구성할 경우에는 –u는 w로 바꿔 쓰고, -i는 y로 바꿔 쓴다. y와 결합한 -ü는 두 점을 지우고 yu-로 표기한다.

wa(ua) wo(uo) wai(uai) wei(uei) wan(uan) wen(uen) wang(uang) weng(ueng)
ya(ia) ye(ie) yao(iao) you(iou) yan(ian) yin(in) yang(iang) ying(ing) yong(iong)
yue(üe) yuan(üan) yun(ün)

(2) u와 ü : 기본운모에 두 가지 종류의 u가 있는데 위에 점을 두 개 찍는 방식으로 소리를 구분한다.

nu/nü lu/lü nüe lüe

소리를 구분해야 할 경우에 u와 ü로 달리 표기하지만 j, q, x 성모는 u 운모와는 결합하지 않고 언제나 ü 운모하고만 결합한다. 그래서 j, q, x 성모 뒤의 ü 운모는 점을 찍지 않고 u로 표기하되 발음은 ü로 한다.

ju juan jue jun
qu quan que qun
xu xuan xue xun

(3) iou, uei, uen : 성모가 없을 때는 you, wei, wen으로 운모가 유지되지만 성모가 있을 경우에는 iu, ui, un으로 표기한다.

miu diu niu liu jiu qiu xiu
dui tui gui kui hui zui cui sui zhui chui shui rui
dun tun nun lun gun hun zun cun sun zhun chun shun run

연습 문제

1. 숫자를 큰소리로 읽어보시오.

一 yī	二 èr	三 sān	四 sì	五 wǔ	
六 liù	七 qī	八 bā	九 jiǔ	十 shí	
百 bǎi	千 qiān	万 wàn	亿 yì	个 gè	全 quán

2. 성조에 주의하며 읽어보시오. 3-1

(1) sānqiān	sānshí	sānbǎi	sānwàn	sānge
(2) shíyī	shíquán	shíwǔ	shíwàn	shíge
(3) wǔqiān	wǔshí	wǔbǎi	wǔwàn	wǔge
(4) liùqiān	liùshí	liùbǎi	liùwàn	liùge

3. 성조 변화에 주의하며 읽어보시오. 3-2

(1) yìbān	yìzhí	yìqǐ	yígòng
(2) yìbiān	yìlián	yìtǐ	yíqiè
(3) bùkān	bùrán	bùzhǐ	búqù
(4) bùxī	bùyí	bùxǔ	búpà

연습 문제

4. 큰소리로 읽어보시오.

(1)

爷爷 yéye

奶奶 nǎinai

(2)

爸爸 bàba

妈妈 māma

(3)

哥哥 gēge 弟弟 dìdi

姐姐 jiějie 妹妹 mèimei

5. 녹음을 듣고 해당하는 발음을 고르시오. 3-3

(1) ① shǒubiǎo ② shuǐguǒ ③ xiūxi

(2) ① bú xiè ② bùxī ③ búxiào

(3) ① yídàn ② yígài ③ yídìng

第四课

你好!

새 낱말

4-1·2

회화 1

你 nǐ 대 너.

好 hǎo 형 좋다.

再见 zàijiàn 동 안녕(헤어질 때 인사).

姜水晶 Jiāng Shuǐjīng 고유 강수정.

张小明 Zhāng Xiǎomíng 고유 장샤오밍.

회화 2

好久 hǎojiǔ 형 (시간이)오래다.

不见 bújiàn 동 만나지 않다.

吗 ma 조 ~입니까?

我 wǒ 대 나.

很 hěn 부 매우.

呢 ne 조 체언을 사용하여 판정의문문을 만드는 의문 어기조사.

也 yě 부 ~도.

王大杰 Wáng Dàjié 고유 왕따지에.

학습 포인트

회화 1

인칭대명사

⇨ 我，你，他，她

기본 인사 표현

⇨ 你好! 再见!

회화 2

형용사 술어문

⇨ 我很好。

의문문(1): ~吗?

⇨ 你好吗?

회화 1

4-3

姜水晶 : Nǐ hǎo!

你好!

张小明 : Nǐ hǎo!

你好!

姜水晶 : Zàijiàn!

再见!

张小明 : Zàijiàn!

再见!

Tip

상황에 따른 인사 표현!

★ 고마움을 나타낼 때

A: 谢谢! Xièxie! 감사합니다.　　B: 不客气。Bú kèqi. 별말씀을요.

★ 미안함을 나타낼 때

A: 对不起! Duìbuqǐ ! 미안합니다.　B: 没关系。Méi guānxi. 괜찮습니다.

谢谢 xièxie 감사합니다. 不客气 bú kèqi 별말씀을요.
对不起 duìbuqǐ 미안합니다. 没关系 méi guānxi 괜찮습니다.

회화 2

4-4

姜水晶：Hǎojiǔ bújiàn!

好久不见!

王大杰：Hǎojiǔ bújiàn! Nǐ hǎo ma?

好久不见! 你好吗?

姜水晶：Wǒ hěn hǎo. Nǐ ne?

我很好。你呢?

王大杰：Wǒ yě hěn hǎo.

我也很好。

Tip

"我很好。你呢?"

앞에서 언급된 내용을 반복하지 않기 위해 어기조사 呢를 붙여 생략형 의문문을 만든다.

A: 你累吗? 너는 피곤하니?
Nǐ lèi ma?

B: 我很累。你呢?(=你累吗?) 나는 피곤해. 너는?(=넌 피곤해?)
Wǒ hěn lèi. Nǐ ne?

A: 我也很累。나도 피곤해요.
Wǒ yě hěn lèi.

累 lèi 형 피곤하다.

회화 1의 학습 포인트

1. 인칭대명사

인칭	단수	복수
1인칭	我 wǒ 나.	我们 wǒmen 우리.
2인칭	你 nǐ 너. 您 nín 당신.	你们 nǐmen 너희들. 당신들. ※ 您们(×)
3인칭	他 tā 그. 她 tā 그녀. 它 tā 그것.	他们 tāmen 그들. 她们 tāmen 그녀들. 它们 tāmen 그것들.

2. 기본 인사 표현

'你好!'는 만날 때 나누는 인사 표현으로, 시간이나 장소에 상관없이 누구에게나 사용할 수 있다. 你 대신 다른 대상이나 시간을 나타내는 표현을 사용할 수 있다.

您好! 안녕하세요!
Nín hǎo!

大家好! 여러분 안녕하세요!
Dàjiā hǎo!

早上好! 좋은 아침!
Zǎoshang hǎo!

晚上好! 좋은 저녁!
Wǎnshang hǎo!

'再见!'은 헤어질 때 나누는 대표적인 인사 표현으로, '다시 만나요!', '잘 가!'의 의미로 사용된다. 再 대신 시간을 나타내는 표현을 사용할 수 있다.

明天见! 내일 만나요!
Míngtiān jiàn!

晚上见! 저녁에 보자!
Wǎnshang jiàn!

大家 dàjiā 명 여러분. 早上 zǎoshang 명 아침.
晚上 wǎnshang 명 저녁. 明天 míngtiān 명 내일.

회화 1의 교체 확장 연습

1. 您

⇨ 您好! 안녕하세요!

(1) 你们

⇨ ....

(2) 老师 老师 lǎoshī 명 선생님.

⇨ ....

(3) 大家

⇨ ....

(4) 早上

⇨ ....

2. 再

⇨ 再见! 다시 만나요!

(1) 明天

⇨ ....

(2) 晚上

⇨ ....

(3) 一会儿 一会儿 yíhuìr 명 잠시.

⇨ ....

(4) 改天 改天 gǎitiān 명 다른 날.

⇨ ....

회화 2의 학습 포인트

1. 형용사 술어문

술어가 형용사인 문장을 '형용사 술어문'이라고 한다. 긍정형은 대개 'A 很 B'형식으로, 부정형은 형용사 앞에 부정부사 不를 붙여 'A 不 B' 형식으로 쓴다.

긍정형: 주어 + 很 + 술어(형용사)
부정형: 주어 + 不 + 술어(형용사)

我很累。나는 피곤해요. ↔ 我不累。 나는 피곤하지 않아요.
Wǒ hěn lèi. Wǒ bú lèi.

他很忙。그는 바빠요. ↔ 他不忙。 그는 바쁘지 않아요.
Tā hěn máng. Tā bù máng.

不 bù 부 동사나 형용사 혹은 다른 부사의 앞에서 부정을 표시함. 忙 máng 형 바쁘다.

2. 의문문(1) : ~吗?

서술문 맨 뒤에 어기조사 吗를 붙이면 '~합니까(입니까)?'라는 의문문이 된다.

你忙吗? 너는 바쁘니?
Nǐ máng ma?

我很忙。 나는 바빠요.
Wǒ hěn máng.

你妈妈好吗? 네 엄마는 잘 지내시니?
Nǐ māma hǎo ma?

我妈妈很好。우리 엄마는 잘 지내세요.
Wǒ māma hěn hǎo.

妈妈 māma 명 엄마.

회화 2의 교체 확장 연습

1.

你 / 很好	
⇨ A : 你好吗?	A : 너는 잘 지내니?
B : 我很好。	B : 나는 잘 지내요.

(1) 老师 / 很好

⇨ A :　　　　A :

B :　　　　B :

(2) 奶奶 / 很好　　　　奶奶 nǎinai 명 할머니.

⇨ A :　　　　A :

B :　　　　B :

(3) 你姐姐 / 不好　　　　姐姐 jiějie 명 언니. 누나.

⇨ A :　　　　A :

B :　　　　B :

2.

忙	
⇨ A : 你忙吗?	A: 너는 바쁘니?
B : 我很忙。	B: 나는 바빠요.
/ 我不忙。	/ 나는 바쁘지 않아요.

(1) 困　　　　困 kùn 형 졸리다.

⇨ A :　　　　A :

B :　　　　B :

/　　　　/

(2) 饿　　　　饿 è 형 배고프다.

⇨ A :　　　　A :

B :　　　　B :

/　　　　/

(3) 渴　　　　渴 kě 형 목마르다.

⇨ A :　　　　A :

B :　　　　B :

/　　　　/

그림 보고 답하기 1

(1)

A : 老师好!

B : ....

(2)

A : 谢谢!

B : ....

(3)

A : ....

B : 再见!

그림 보고 답하기 2

(1)

A : 你爸爸好吗?

B : 我爸爸很好。 ……………………………………

A : 他也很好。

爸爸 bàba 명 아빠.

(2)

A : 你爷爷好吗?

B : …………………………………。你爷爷呢?

A : 他也很好。

爷爷 yéye 명 할아버지.

(3)

A : ……………………………………………………

B : 我妹妹不好。你妹妹呢?

A : ……………………………………………………

妹妹 mèimei 명 여동생.

연습 문제

1. 녹음을 듣고 대화와 어울리는 사진을 고르시오. 4-5

(1) ①  ②  ③ 

(2) ①  ②  ③ 

2. 녹음을 듣고 묻는 말에 답하시오. 4-6

(1) ……………………………………………

(2) ……………………………………………

(3) ……………………………………………

(4) ……………………………………………

연습 문제

학과 : 학번 : 이름 :

3. 아래 문장을 큰 소리로 읽어보시오.

(1) Nǐ hǎo!

(2) Zàijiàn!

(3) Haǒjiǔ bújiàn!

(4) Nǐ hǎo ma?

(5) Wǒ yě hěn hǎo.

4. 한어병음에 해당하는 한자를 쓰시오.

(1) Xièxie!→

(2) Zàijiàn! →

(3) Nǐ hǎo! →

(4) 好久不(jiàn)!

(5) (Duì)不起!

你 nǐ	㇒ 亻 亻' 亻⺈ 佇 你 你
好 hǎo	㇛ 女 女 女' 好 好
再 zài	一 厂 冂 币 再 再
见 jiàn	丨 冂 贝 见
久 jiǔ	㇒ 勹 久
不 bù	一 丆 不 不
吗 ma	丨 冂 口 口⁷ 吗 吗
我 wǒ	㇒ 二 于 手 我 我 我
很 hěn	㇒ 彳 彳 彳⁷ 彳ヨ 彳ヨ 彳ヨ 很 很
也 yě	㇆ ㇆丨 也

중국 행정구역

중국의 공식 명칭은 중화인민공화국中華人民共和國으로, 우리가 부르는 '중국'은 공식 명칭에 대한 약칭이다.

중국은 원대元代 이래 지방 행정구역에 사용되어 온 성省을 기본 단위로 직할시直轄市, 자치구自治區, 특별행정구特別行政區를 중심으로 행정지역이 분할되어 있다.

1988년 하이난성海南省이 행정구역 상 성으로 편제됨에 따라 현재는 23개의 성이 있고, 성에 포진되어 있는 거대 도시는 4개의 직할시(베이징北京, 상하이上海, 텐진天津, 충칭重慶)로 분류하여 독자적 행정 지위를 부여하고 있다. 1997년 영국으로부터 홍콩Hong Kong과 1999년 포르투갈로부터 반환된 마카오Macau는 행정장관을 두어 기존의 체재를 유지하는 형태의 특별행정구로 분류하여 관리하는 한편, 대부분 소수민족이 거주하고 있는 드넓은 변경 지역은 5개의 소수민족 자치구(네이멍구内蒙古, 신장위구르新疆维 吾尔, 시짱西藏, 광시좡족广西壮族, 닝샤후이宁夏回族)로 지정하여 행정적 편의를 도모하고 있다.

第五课

你叫什么名字?

새 낱말

5-1·2

회화 1

叫 jiào 동 ~으로 불리다.

什么 shénme 대 무엇. 무슨.

名字 míngzi 명 이름.

是 shì 동 ~이다.

中国 Zhōngguó 고유 중국.

人 rén 명 사람.

对 duì 형 맞다. 옳다.

认识 rènshi 동 알다. 인식하다.

高兴 gāoxìng 형 기쁘다. 즐겁다.

李东民 Lǐ Dōngmín 고유 이동민.

회화 2

这 zhè 대 이. 이것.

朋友 péngyou 명 친구.

的 de 조 ~의.

照片 zhàopiàn 명 사진.

帅 shuài 형 잘 생기다. 멋지다.

哪 nǎ 대 어느.

国 guó 명 나라.

英国 Yīngguó 고유 영국.

那 nà 대 저. 저것.

谁 shuí(shéi) 대 누구.

真 zhēn 부 정말로.

漂亮 piàoliang 형 예쁘다.

美国 Měiguó 고유 미국.

杰克 Jiékè 고유 잭(Jack).

安娜 Ānnà 고유 안나(Anna).

학습 포인트

회화 1

이름 묻고 답하는 표현

⇨ 你叫什么名字? 我叫王大杰。

동사 술어문: 동사 是

⇨ 你是中国人吗? 我是中国人。

회화 2

구조조사 的(1) : 소유 · 소속의 표현

⇨ 他是我的朋友。

의문문(2) : 의문대사 哪, 谁, 什么

⇨ 他是哪国人? 他是英国人。

회화 1

5-3

李东民 : Nǐ hǎo! Wǒ jiào Lǐ Dōngmín. Nǐ jiào shénme míngzi?
你好! 我叫 李东民。你叫什么名字?

王大杰 : Wǒ jiào Wáng Dàjié.
我叫王大杰。

李东民 : Nǐ shì Zhōngguó rén ma?
你是中国人吗?

王大杰 : Duì, wǒ shì Zhōngguó rén.
对, 我是中国人。

李东民 : Rènshi nǐ, hěn gāoxìng.
认识你, 很高兴。

王大杰 : Rènshi nǐ, wǒ yě hěn gāoxìng.
认识你, 我也很高兴。

Tip

"你叫什么名字?"
중국인들이 처음 만나 서로 인사를 나눌 때 이름을 바로 묻기 보다는 '您贵姓(Nín guìxìng)?'이라는 표현을 많이 사용한다. 우리말로 '성함이 어떻게 되십니까?'에 해당되는 정도의 예의 바른 표현이라 할 수 있다. 비슷한 또래일 경우에는 '你姓什么(Nǐ xìng shénme)?'라고 한다.

A : 您贵姓? 당신 성함이 (어떻게 되시죠)?
Nín guìxìng?

B : 我姓李, 叫东民。저는 이씨고, 동민이라고 합니다.
Wǒ xìng Lǐ, jiào Dōngmín.

贵姓 guìxìng 명 당신 성함. 姓 xìng 동 성이 ~이다.

회화 2

5-4

王大杰 : Zhè shì wǒ péngyou de zhàopiàn.
这是我朋友的照片。

李东民 : Tā hěn shuài. Tā shì nǎ guó rén?
他很帅。他是哪国人?

王大杰 : Tā shì Yīngguó rén, jiào Jiékè.
他是英国人, 叫杰克。

李东民 : Nà shì shéi? Zhēn piàoliang!
那是谁? 真漂亮!

王大杰 : Nà shì Ānnà.
那是安娜。

李东民 : Tā yě shì Yīngguó rén ma?
她也是英国人吗?

王大杰 : Bù. Tā shì Měiguó rén.
不。她是美国人。

회화 1의 학습 포인트

1. 이름을 묻고 답하는 표현

'你叫什么名字?'는 상대방의 이름을 묻는 가장 대표적인 표현이다. 이 때 什么가 의문대사이므로 어기조사 吗는 사용하지 않는다.

A: 你叫什么名字? 네 이름이 뭐니?
Nǐ jiào shénme míngzi?

B: 我叫王大杰。나는 왕따지에라고 해.
Wǒ jiào Wáng DàJié.

2. 동사 술어문 : 동사 是

문장의 술어가 동사인 문장을 '동사 술어문'이라고 한다.

我休息。나는 쉬어요.
Wǒ xiūxi.

他吃饭。그는 밥을 먹어요.
Tā chī fàn.

동사 是는 '~이다'라는 뜻으로, 이것은 주어와 목적어가 서로 동격 관계에 있음을 나타낸다.

긍정형: 주어 + 술어(是) + 목적어
부정형: 주어 + 不 + 술어(是) + 목적어

他们是留学生。그들은 유학생입니다.
Tāmen shì liúxuéshēng.
↔
他们不是留学生。그들은 유학생이 아닙니다.
Tāmen bú shì liúxuéshēng.

这是手机。이것은 핸드폰입니다.
Zhè shì shǒujī.
↔
这不是手机。이것은 핸드폰이 아닙니다.
Zhè bú shì shǒujī.

休息 xiūxi 동 쉬다. 吃 chī 동 먹다. 饭 fàn 명 밥.
留学生 liúxuéshēng 명 유학생. 手机 shǒujī 명 핸드폰.

회화 1의 교체 확장 연습

1.

他 / 梁朝伟	梁朝伟 Liáng Cháowěi 고유 양차오웨이
⇨ A：他叫什么名字?	A：그는 이름이 뭐예요?
B：他叫梁朝伟。	B：그는 양조위에요.

(1) 她 / 汤唯　　　　汤唯 Tāng wéi 고유 탕웨이.

⇨ A：　　　　A :

B：　　　　B :

(2) 你 / 张小明

⇨ A：　　　　A :

B：　　　　B :

2.

他 / 韩国人 / 中国人	韩国 Hánguó 고유 한국.
⇨ A : 他是韩国人吗?	A: 그는 한국인이에요?
B : 他是韩国人。	B: 그는 한국인이에요.
/ 他不是韩国人，是中国人。	/ 그는 한국인이 아니라 중국인이에요.

(1) 你 / 老师 / 医生　　　　医生 yīshēng 명 의사.

⇨ A：　　　　A :

B：　　　　B :

/　　　　/

(2) 她 / 你的女朋友 / 我的妹妹　　　　女 nǚ 형 여자.

⇨ A：　　　　A :

B：　　　　B :

/　　　　/

(3) 这 / 词典 / 本子　　　　词典 cídiǎn 명 사전. 本子 běnzi 명 공책.

⇨ A：　　　　A :

B：　　　　B :

/　　　　/

회화 2의 학습 포인트

1. 구조조사 的(1) : 소유 · 소속의 표현

구조조사 的는 관형어를 만드는 조사로서 체언을 수식한다. 的 앞에는 명사, 동사, 형용사 등 다양한 형식의 수식어가 올 수 있다. 的가 명사 또는 대명사와 결합할 때의 의미는 '…의'이다.

명사/대명사 + 的 +명사

他是我的同学。 그는 나의 동급생이에요.
Tā shì wǒ de tóngxué.

这是中国的智能手机。 이것은 중국의 스마트 폰이에요.
Zhè shì Zhōngguó de zhìnéngshǒujī.

同学 tónggxué 명 동급생, 학우. 智能手机 zhìnéngshǒujī 명 스마트 폰.

2. 의문문(2) : 의문대사 谁, 哪, 什么

谁(누구), 哪(어느), 什么(무엇) 등과 같은 의문대사를 넣어 만든 의문문을 의문대사 의문문이라고 한다. 이 경우 문장 맨 뒤에 어기조사 吗는 사용하지 않는다.

A: 你是哪国人? 너는 어느 나라 사람이니?
Nǐ shì nǎ guó rén?

B: 我是韩国人。 나는 한국인이야.
Wǒ shì Hánguó rén.

A: 他是谁? 그는 누구죠?
Tā shì shéi?

B: 他是我的男朋友。 그는 내 남자 친구야.
Tā shì wǒ de nán péngyou.

A: 这是什么? 이것은 무엇이죠?
Zhè shì shénme?

B: 这是词典。 이것은 사전이에요.
Zhè shì cídiǎn.

A: 这是什么词典? 이것은 무슨 사전이죠?
Zhè shì shénme cídiǎn?

B: 这是汉语词典。 이것은 중국어 사전이에요.
Zhè shì Hànyǔ cídiǎn.

男 nán 형 남자. 汉语 Hànyǔ 명 중국어.

회화 2의 교체 확장 연습

1. 我 / 中文书 — 中文 Zhōngwén 명 중국의 언어와 문자. 书 shū 명 책.

⇨ A : 这是你的中文书吗? — A : 이것은 너의 중국어 책이니?

B : 这是我的中文书。 — B : 이것은 나의 중국어 책이야.

(1) 他 / 手机

⇨ A : 那是 ________ A : ________

B : 那是 ________ B : ________

(2) 她 / 皮鞋 — 皮鞋 píxié 명 구두.

⇨ A : 那是 ________ A : ________

B : 那是 ________ B : ________

2. 她 / 老师

⇨ A : 她是谁? — A : 그녀는 누구죠?

B : 她是我的老师。 — B : 그녀는 우리 선생님이에요.

(1) 他 / 同事 — 同事 tóngshì 명 동료.

⇨ A : ________ A : ________

B : ________ B : ________

(2) 他 / 经理 — 经理 jīnglǐ 명 지배인, 사장.

⇨ A : ________ A : ________

B : ________ B : ________

3. 这 / 水果 — 水果 shuǐguǒ 명 과일.

⇨ A : 这是什么? — A: 이것은 무엇이죠?

B : 这是水果。 — B: 이것은 과일이에요.

(1) 那 / 地图 — 地图 dìtú 명 지도.

⇨ A : ________ A : ________

B : ________ B : ________

(2) 这 / 书包 — 书包 shūbāo 명 책가방.

⇨ A : ________ A : ________

B : ________ B : ________

그림 보고 답하기 1

(1) 

王大杰

A: 他叫什么名字?

B : ....

(2) 

姜水晶

A : ....

B : 她叫姜水晶。

(3) 

李东民

A : ....

B : ....

그림 보고 답하기 2

(1) 

韩国

A：他是哪国人？

B：

(2) 

西班牙

A：你的女朋友是哪国人？

B：

西班牙 Xībānyá (고유) 스페인.

(3) 

日本

A：

B：她是日本人。

日本 Rìběn (고유) 일본.

(4) 

法国

A：

B：

法国 Fǎguó (고유) 프랑스.

연습 문제

1. 녹음을 듣고 대화와 어울리는 사진을 고르시오. 5-5

(1) ① 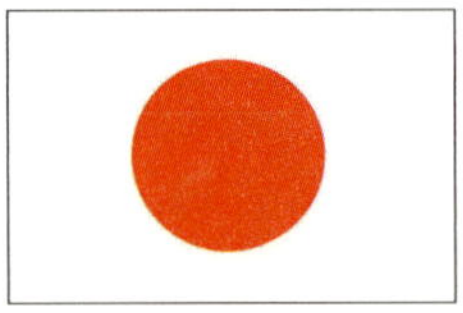 ②  ③ 

(2) ①  ②  ③ 

2. 녹음을 듣고 묻는 말에 답하시오. 5-6

(1) ....

(2) ....

(3) ....

(4) ....

연습 문제

학과 : 학번 : 이름 :

3. 아래 문장을 큰 소리로 읽어보시오.

(1) Nǐ jiào shénme míngzi?

(2) Nǐ shì Zhōngguó rén ma?

(3) Rènshi nǐ, hěn gāoxìng.

(4) Tā shì nǎ guó rén?

(5) Zhè shì wǒ péngyou de zhàopiàn.

(6) Tā shì shéi? Zhēn piàoliang!

4. 한어병음에 해당하는 한자를 쓰시오.

(1) rènshi →

(2) péngyou →

(3) piàoliang →

(4) 你叫(shénme)名字?

(5) 他很(shuài)。他是(nǎ)国人?

叫	jiào	丨 ㄇ 口 口 叫
名	míng	ノ ク 夕 夕 名 名
是	shì	丨 ㄇ 日 日 旦 早 早 昰 是
国	guó	丨 冂 囗 冃 冃 囯 国 国
对	duì	フ 又 又 对 对
高	gāo	丶 亠 亠 亡 古 产 高 高 高 高
兴	xìng	丶 丷 丷 业 兴 兴
这	zhè	丶 亠 ナ 文 文 汶 这
谁	shéi	丶 讠 讠 讠 讠 讠 讠 诈 谁 谁
真	zhēn	一 十 广 古 古 有 直 直 真 真

중국 인구 그리고 중국 신세대

2010년 제6차 인구조사 결과를 보면 중국 인구는 13억 3,972만 명으로 세계 인구의 5분의 1을 차지한다. 1949년 중화인민공화국 건립 당시 중국 인구는 약 5억 4천 명 정도였으나 정치적 안정과 출산 장려 정책의 결과로 인구가 급격하게 불어났다. 1969년 말에 중국 인구는 이미 8억을 돌파했지만 가파른 인구 증가는 수요와 공급의 불균형을 초래하였다. 70년대 인구 억제 정책을 내놓기 시작한 이래 문화대혁명 이후 본격적으로 산아제한 정책이 강력하게 시행되어 1980년대에 접어들면서 1가구 1자녀의 산아제한에 대한 법적 구속력이 더욱 강화되었다.

산아제한 정책으로 인한 사회적 부작용으로 고의적으로 아이를 호적에 올리지 않은 '헤이하이즈黑孩子'와 가정에서 독자로 태어나 경제적 혜택을 누리며 자라는 아이들 '샤오황디小皇帝' 문제가 생겨나기도 하였다. 최근에는 출생률 저하가 고착화된 베이징, 상하이 등 대도시 지역을 중심으로 '두 자녀' 정책을 공개적으로 장려하는 목소리가 높아지는 등 중국의 인구정책에 변화가 일고 있다.

최근 신세대를 지칭하는 말로 '바링허우八零后: 80년대 태어난 세대'와 '주링허우九零后: 90년대 태어난 세대'가 있는데, 이들은 산아제한 정책이 시행된 이후에 태어난 외동아들, 외동딸로 조부모와 부모의 사랑을 독차지하며 자라난 세대이다. 중국이 물질적으로 풍요를 누리고 있던 시기에 태어난 바링허우는 정치적, 사상적으로 자유롭고 개방적인 사고방식을 가지고 있다. 경제적으로 여유 있는 환경에서 자란 주링허우는 해외 문화에 개방적일 뿐 아니라 각자 개성을 추구하며 SNS 사용과 IT와 패션 등에 관심이 많아 새로운 소비 시장 트렌드를 이끌고 있다.

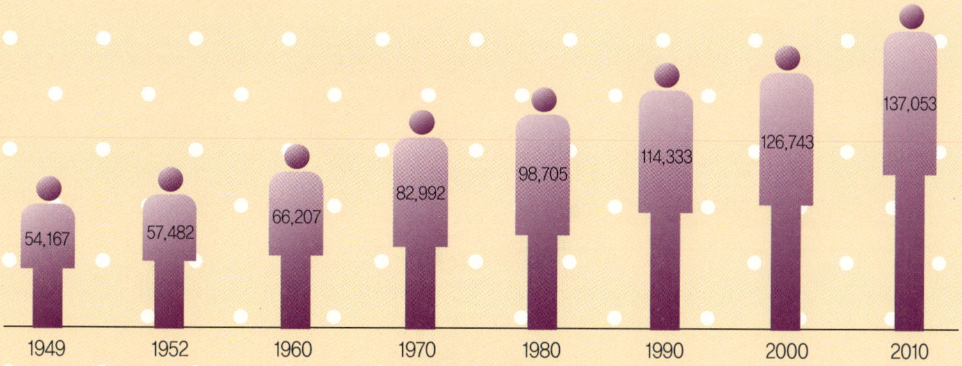

중국 인구 증가 추이 (단위: 만 명)

第六课

你家有几口人？

새 낱말

6-1·2

회화 1

家 jiā 명 집.

有 yǒu 동 ~이 있다.

几 jǐ 수 몇.

口 kǒu 양 명(가족 단위).

两 liǎng 수 둘.

个 ge 양 개. 명.

和 hé 접 ~와(과).

在 zài 동 ~에 있다.

哪儿 nǎr 대 어디.

近 jìn 형 가깝다.

龙仁 Lóngrén 고유 용인.

회화 2

大姐 dàjiě 명 큰언니. 큰누나.

今年 jīnnián 명 금년.

多 duō 부형 얼마나. 많다.

大 dà 형 크다. (나이가)많다.

岁 suì 명 살. 세.

做 zuò 동 하다. 일하다.

工作 gōngzuò 명동 일. 일하다.

厨师 chúshī 명 요리사.

没有 méiyǒu 동 ~이 없다.

학습 포인트

회화 1

동사 술어문: 동사 有, 在

⇨ 你家有几口人?

⇨ 你家在哪儿?

수량표현 : 수사+양사+명사

⇨ 我家有三口人。

회화 2

나이와 직업을 묻고 답하는 표현

⇨ 你的大姐今年多大?

⇨ 她做什么工作?

의문문(3) : 정반의문문

⇨ 她有没有男朋友?

회화 1

6-3

姜水晶：你家有几口人？
Nǐ jiā yǒu jǐ kǒu rén?

张小明：我家有三口人。你家呢？
Wǒ jiā yǒu sān kǒu rén. Nǐ jiā ne?

姜水晶：有五口人，爸爸、妈妈、两个姐姐和我。
Yǒu wǔ kǒu rén, bàba, māma, liǎng ge jiějie hé wǒ.

张小明：你家在哪儿？
Nǐ jiā zài nǎr?

姜水晶：我家在龙仁，很近。
Wǒ jiā zài Lóngrén, hěn jìn.

Tip

"爸爸、妈妈、姐姐和我。"

가족 수를 물을 때에는 '你家有几口人?'라고 한다면, 그 가족의 구성원을 물을 때에는 '(你家)都有什么人?'이라는 표현을 쓴다. 이것은 '식구에는 어떤 사람들이 있니?'의 뜻이다.

A：你家有几口人？너희 집 식구는 몇 명이니?
Nǐ jiā yǒu jǐ kǒu rén?

B：有三口人。3명이야.
Yǒu sān kǒu rén.

A：都有什么人？식구에는 누가 있는데?
Dōu yǒu shénme rén?

B: 爸爸、妈妈和我。아빠, 엄마, 그리고 나야.
Bàba, māma hé wǒ.

都 dōu 부 모두.

회화 2

6-4

张小明：你的大姐今年多大？
Nǐ de dàjiě jīnnián duō dà?

姜水晶：二十六岁。
Èrshíliù suì.

张小明：她做什么工作？
Tā zuò shénme gōngzuò?

姜水晶：她是厨师。
Tā shì chúshī.

张小明：她有没有男朋友？
Tā yǒu méiyǒu nán péngyou?

姜水晶：没有。
Méiyǒu.

Tip

"你今年多大?"

중국어에서는 나이가 많고 적은 것을 말할 때 '大dà(크다)'와 '小xiǎo(작다)'로 표현한다. 또 우리는 '키가 크다', '키가 작다'라고 말하지만, 중국어에서는 '高gāo(높다)'와 '矮ǎi(낮다)'로 표현한다.

他年纪很大。 그는 나이가 많다.
Tā niánjì hěn dà.

他年纪很小。 그는 나이가 어리다.
Tā niánjì hěn xiǎo.

他很高。그는 (키가) 크다.
Tā hěn gāo.

他很矮。그는 (키가) 작다.
Tā hěn ǎi.

年纪 niánjì 명 나이. 小 xiǎo 형 작다. 高 gāo 형 높다. 矮 ǎi 형 낮다.

회화 1의 학습 포인트

1. 동사 술어문 : 동사 有, 在

'~이 있다'라는 의미의 동사 有는 소유 또는 존재를 나타낸다. 부정형은 没有를 쓴다.

긍정형: 주어 + 술어(有) + 목적어
부정형: 주어 + 没 + 술어(有) + 목적어

我有中文书。 나는 중국어 책이 있어요. ↔ 我没有中文书。 나는 중국어 책이 없어요.
Wǒ yǒu Zhōngwén shū. Wǒ méiyǒu Zhōngwén shū.

这儿有中文书。 여기 중국어 책이 있어요. ↔ 这儿没有中文书。 여기 중국어 책이 없어요.
Zhèr yǒu Zhōngwén shū. Zhèr méiyǒu Zhōngwén shū.

'~에 있다'라는 뜻의 동사 在는 장소 또는 위치를 나타낸다.

긍정형: 주어 + 술어(在) + 목적어
부정형: 주어 + 不 + 술어(在) + 목적어

我在家。 나는 집에 있어요. ↔ 我不在家。 나는 집에 있지 않아요.
Wǒ zài jiā. Wǒ bú zài jiā.

这儿 zhèr 대 여기.

2. 수량표현 : 수사+양사+명사

양사란 사람이나 사물을 세는 단위를 말한다. 대부분의 물질명사는 양사를 갖는데, 사물을 셀 때 수사가 명사와 직접 결합할 수 없고, 수사와 명사 사이에는 양사를 넣어 표현한다.

那儿有一把椅子。 저기에 의자 하나가 있어요.
Nàr yǒu yì bǎ yǐzi.

我有三件衣服。 나는 옷 세 벌이 있어요.
Wǒ yǒu sān jiàn yīfu.

※ 양사 앞에 숫자 '2'가 올 때에는 '二' 대신 '两'을 사용한다.
两本书 liǎng běn shū 책 두 권. 两杯咖啡 liǎng bēi kāfēi 커피 두 잔.

那儿 nàr 대 저기. 把 bǎ 양 개(손잡이 있는 물건 셀 때). 椅子 yǐzi 명 의자.
件 jiàn 양 벌(옷 등을 셀 때). 衣服 yīfu 명 옷. 本 běn 양 권(책 등을 셀 때).
杯 bēi 양 잔(컵 혹은 잔에 담겨 있는 음료를 셀 때). 咖啡 kāfēi 명 커피.

회화 1의 교체 확장 연습

1.

你 / 银行

银行 yínháng 명 은행.

⇨ A : 你在哪儿?
B : 我在银行。

A : 너는 어디에 있니?
B : 나는 은행에 있어요.

(1) 你姐姐 / 餐厅

餐厅 cāntīng 명 식당, 레스토랑.

⇨ A :
B :

A :
B :

(2) 他 / 医院

医院 yīyuàn 명 병원.

⇨ A :
B :

A :
B :

2.

词典 / 三本

⇨ A : 你有词典吗?
B : 有。
A : 你有几本词典?
B : 我有三本词典。

A : 너는 사전이 있니?
B : 있어.
A : 사전이 몇 권 있는데?
B : 나는 사전이 3권 있어.

(1) 中国朋友 / 两个

⇨ A :
B : 有。
A :
B :

A :
B :
A :
B :

(2) 铅笔 / 一支

支 zhī 양 자루(필기구처럼 막대 모양의 물건을 셀 때).
铅笔 qiānbǐ 명 연필.

⇨ A :
B : 有。
A :
B :

A :
B :
A :
B :

(3) 雨伞 / 三把

雨伞 yǔsǎn 명 우산.

⇨ A :
B : 有。
A :
B :

A :
B :
A :
B :

회화 2의 학습 포인트

1. 나이와 직업을 묻고 답하는 표현

중국어로 나이를 묻는 표현은 나이와 상황에 따라 달라진다.

연세가 많은 어른께는 你爸爸多大年纪? 아빠 연세가 어떻게 되시니?
Nǐ bàba duō dà niánjì?

비슷한 또래끼리는 你多大? 너 나이가 몇 살이니?
Nǐ duō dà?

10세 이하 어린아이에게는 你几岁? 너 나이가 몇 살이니?
Nǐ jǐ suì?

대답할 때에는 '나이+岁'형식으로 답하면 된다.

A：你多大? 너는 몇 살이니?
Nǐ duō dà?

B：我二十岁。나는 스무 살이야.
Wǒ èrshí suì.

'你做什么工作?'는 상대방의 직업을 묻는 표현이다.

A：你做什么工作? 당신은 무슨 일을 하시죠?
Nǐ zuò shénme gōngzuò?

B: 我是医生。나는 의사에요.
Wǒ shì yīshēng.

2. 의문문(3)：정반의문문

'정반의문문'이란 술어의 긍정형과 부정형을 병렬시킨 의문문을 말한다. 정반의문문에도 어기조사 吗를 붙이지 않는다.

你有电脑吗? 너는 컴퓨터가 있니? → 你有没有电脑? 너는 컴퓨터가 있니 없니?
Nǐ yǒu diànnǎo ma? → Nǐ yoǔ méiyǒu diànnǎo?

那是手机吗? 저것이 핸드폰이니? → 那是不是手机? 저것이 핸드폰이니 아니니?
Nà shì shǒujī ma? → Nà shì bu shì shǒujī.

电脑 diànnǎo 명 컴퓨터.

회화 2의 교체 확장 연습

1.

你 / 十八	
⇨ A : 你多大?	A : 너는 몇 살이니?
B : 十八岁。	B : 열여덟 살이야.

(1) 你妈妈 / 五十

⇨ A : ……………… A : ………………

B : ……………… B : ………………

(2) 你弟弟 / 十二

弟弟 dìdi 명 남동생.

⇨ A : ……………… A : ………………

B : ……………… B : ………………

2.

你 / 播音员	播音员 bōyīnyuán 명 아나운서.
⇨ A : 你做什么工作?	A : 너는 무슨 일을 하니?
B : 我是播音员。	B : 나는 아나운서야.

(1) 她 / 护士

护士 hùshi 명 간호사.

⇨ A : ……………… A : ………………

B : ……………… B : ………………

(2) 你哥哥 / 警察

哥哥 gēge 명 형, 오빠. 警察 jǐngchá 명 경찰.

⇨ A : ……………… A : ………………

B : ……………… B : ………………

3.

自行车	自行车 zìxíngchē 명 자전거.
⇨ A : 你有自行车吗?	A : 너는 자전거가 있니?
/ 你有没有自行车?	/ 너는 자전거가 있니 없니?
B : 有。 / 没有。	B : 있어. / 없어.

(1) 笔记本电脑

笔记本电脑 bǐjìběn diànnǎo 명 노트북.

⇨ A : ……………… A : ………………

/ ……………… / ………………

B : 有。/ 没有。

(2) 平跟鞋

平跟鞋 pínggēnxié 명 플랫슈즈.

⇨ A : ……………… A : ………………

/ ……………… / ………………

B : 有。/ 没有。

그림 보고 답하기 1

(1)

A：你家有几口人？

B：

爸爸、妈妈、弟弟和我。

(2)

A：你家有几口人？

B：

(3)

A：你哥哥在哪儿？

B：

电视台 diànshìtái 명 방송국.

(4)

A：

B：老师在教室。

教室 jiàoshì 명 교실.

그림 보고 답하기 2

(1)

A：你做什么工作？

B：______

记者 jìzhě 명 기자.

(2)

A：你的女朋友______？

B：______

咖啡师 kāfēishī 명 바리스타.

(3)

A：______

B：她______

演员 yǎnyuán 명 배우. 연기자.

연습 문제

1. 녹음을 듣고 대화와 어울리는 사진을 고르시오. 6-5

(1) ① 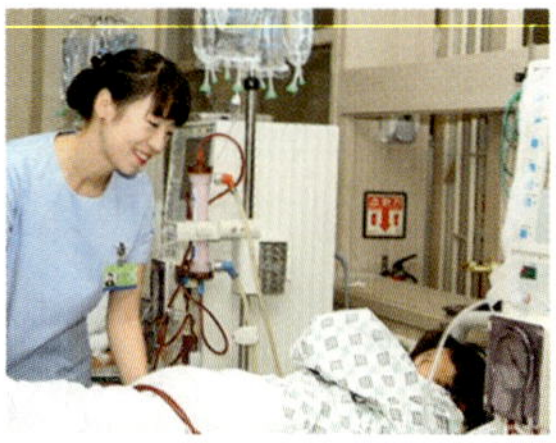 ② 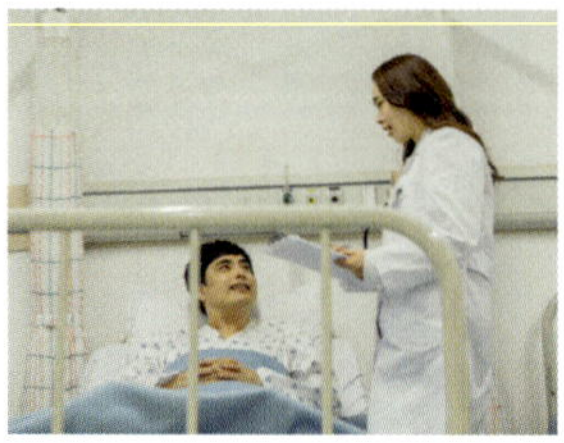 ③ 

(2) ①  ②  ③ 

2. 녹음을 듣고 묻는 말에 답하시오. 6-6

(1) ....

(2) ....

(3) ....

(4) ....

연습 문제

학과 : 학번 : 이름 :

3. 아래 문장을 큰 소리로 읽어보시오.

(1) Nǐ jiā yǒu jǐ kǒu rén?

(2) Nǐ jiějie jīnnián duō dà?

(3) Tā zuò shénme gōngzuò?

(4) Tā shì chúshī.

(5) Tā yǒu méiyǒu nán péngyou?

(6) Wǒ jiā yǒu wǔ kǒu rén.

4. 한어병음에 해당하는 한자를 쓰시오.

(1) 你家(zài　　　　)哪儿?

(2) 你(zuò　　　　)什么工作?

(3) 她是厨(shī　　　　)。

5. 단어들을 재배치하여 문장을 완성하시오.

(1) 没有　男朋友　有　她　?

....

(2) 我家　三口　人　有　。

....

家 jiā	丶 丶 宀 宀 宁 宇 家 家 家 家	家 家
有 yǒu	一 ナ 冇 有 有 有	有 有
几 jǐ	丿 几	几 几
两 liǎng	一 丆 丙 丙 丙 两 两	两 两
和 hé	丿 二 千 禾 禾 和 和 和	和 和
在 zài	一 ナ 才 在 在 在	在 在
近 jìn	丿 厂 斤 斤 䜣 䜣 近	近 近
姐 jiě	〈 女 女 如 如 如 姐 姐	姐 姐
年 nián	丿 𠂉 仁 仁 乍 年	年 年
岁 suì	丨 山 山 屮 岁 岁	岁 岁

중국의 민족 구성

중국은 한족漢族과 55개 소수민족으로 이루어진 다민족 통일 국가이다. 그 중 한족이 약 92%를 차지하고, 소수민족은 총 인구의 약 8%를 차지하고 있다. 소수민족 인구 분포로 볼 때, 100만 명 이상 되는 민족은 18개이고, 10만에서 100만 명 정도 규모의 민족은 17개, 10만 이하 소규모 민족은 20개로 파악되고 있다.

중국은 1949년 건국과 함께 전국에 산재해 있는 각 민족을 중국에 편입하는 민족정책을 최우선 과제로 삼았다. 1953년 중화인민공화국 수립 이후 실시된 첫 인구 조사에 따르면 전국에서 독자적인 민족으로 등록된 명칭이 400여 종이 넘었다. 이후 식별 작업과 각 지역 민족의 자존 의지를 반영하여 소수민족 숫자를 정립하였다. 최종적으로 1979년 지눠족基诺族을 단일민족으로 확정함으로써 현재의 55개 소수민족으로 분류하고 있다.

중국 정부는 소수민족에게 자치권을 부여하고, 고유의 풍습을 존중하며 자신들의 언어와 문자 사용을 지지한다. 뿐만 아니라 종교의 자유를 보장하고, 한족과 달리 두 자녀를 허용하는 등의 우대 정책을 시행하고 있다. 하지만 소수민족이 불평등한 대우를 받는 것이 사회적 문제로 대두되기도 한다.

소수민족의 연방제와 분리주의를 절대적으로 반대하며 그들의 독립운동에 대해 비타협적 태도를 견지하고 있기 때문이다. 또한 소수민족 자치구 대부분이 중국 변방에 위치하고 있어 경제 발전 혜택에서 소외되고 있고, 정치적 위상도 높지 않다. 이런 문제를 해결하기 위해 중국 정부는 어떤 민족에게든 차별과 압박을 금지하는 법을 제정하는 등 소수민족을 보호하기 위한 정책을 펼치고 있다.

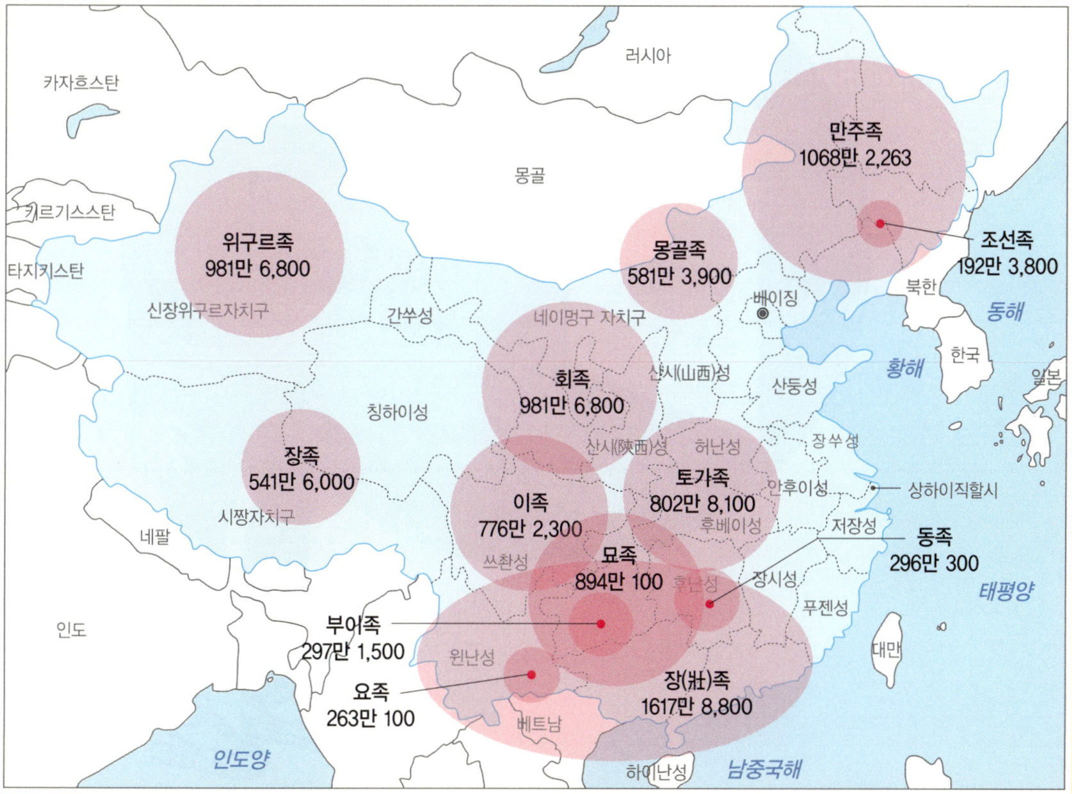

第七课

今天几月几号？

새 낱말

7-1·2

회화 1

今天 jīntiān 명 오늘.

月 yuè 명 월.

号 hào 명 일.

那 nà 접대 그렇다면. 그. 저.

后天 hòutiān 명 모레.

生日 shēngrì 명 생일.

农历 nónglì 명 음력.

星期 xīngqī 명 요일.

星期三 xīngqīsān 명 수요일.

星期四 xīngqīsì 명 목요일.

회화 2

现在 xiànzài 명 지금(只今). 현재.

点 diǎn 명 시.

刻 kè 명 15분.

分 fēn 명 분.

北京 Běijīng 명 베이징.

时间 shíjiān 명 시간.

差 chà 동 빼다. 부족하다. …전(前).

啊 ā 감 (어떤 사실이나 상황을 깨달았음을 나타내어) 아하! 어허!

这样 zhèyàng 명 이런 모습.

首尔 Shǒu'ěr 명 서울.

학습 포인트

회화 1

명사 술어문

⇨ 今天几月几号?

날짜 표현법 : 年, 月, 号, 星期

회화 2

시각 표현법 : 点, 分, 秒, 半, 刻

⇨ 现在几点?

시간명사 : 昨天, 今天, 明天

회화 1

7-3

李东民：今天几月几号？
Jīntiān jǐ yuè jǐ hào?

张小明：今天四月十四号。
Jīntiān sì yuè shísì hào.

李东民：那后天是你的生日，是不是？
Nà hòutiān shì nǐ de shēngrì, shì bu shì?

张小明：不是，我的生日是农历四月十六号。
Bú shì, wǒ de shēngrì shì nónglì sì yuè shíliù hào.

李东民：今天星期几，是星期三吗？
Jīntiān xīngqī jǐ, shì xīngqīsān ma?

张小明：不，今天不是星期三，是星期四。
Bù, jīntiān bú shì xīngqīsān, shì xīngqīsì.

2016
4月

星期日	星期一	星期二	星期三	星期四	星期五	星期六
					1	2
3	4	5	6	7	8	9
10	11	12	13	14	15	16
17	18	19	20	21	22	23
24	25	26	27	28	29	30

Tip

- 号hào와 日rì 모두 날짜를 표현할 때 사용할 수 있는데 号는 구어체에, 日는 문어체에 사용한다.
- 중국어로 음력은 农历nónglì 또는 阴历yīnlì라고 한다.

회화 2

7-4

李东民：现在几点？
Xiànzài jǐ diǎn?

王大杰：现在九点三刻。
Xiànzài jiǔ diǎn sān kè.

李东民：现在中国也是九点四十五分吗？
Xiànzài Zhōngguó yě shì jiǔ diǎn sìshíwǔ fēn ma?

王大杰：不是，现在北京时间是差一刻九点。
Bú shì, xiànzài Běijīng shíjiān shì chà yí kè jiǔ diǎn.

李东民：啊！是这样！首尔时间和北京时间差一个小时。
À! Shì zhèyàng! Shǒu'ěr shíjiān hé Běijīng shíjiān chà yí ge xiǎoshí.

王大杰：对。
Duì.

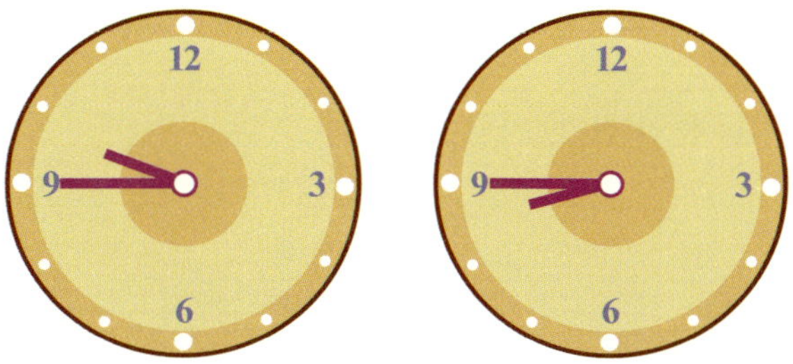

首尔　　北京

Tip

- '12시 정각'처럼 정시를 말할 때는 뒤에 '整zhěng'을 붙여 표현한다. 예를 들어 "지금은 북경 시간으로 12시 정각입니다."는 "现在是北京时间12点整。(Xiànzài shì Běijīng shíjiān shí'èr diǎn zhěng.)"이라고 한다.

회화 1의 학습 포인트

1. 명사 술어문

명사가 직접 술어가 되는 문장을 '명사 술어문'이라고 한다. 모든 명사가 다 술어가 될 수 있는 것은 아니며 날짜, 요일, 시간, 출신, 날씨 등을 표현할 때 명사 자체가 술어가 될 수 있다. 부정형은 'X+不是+Y'이다.

주어+술어(명사)

A : 今天五月八号吗? 오늘은 5월 8일인가요?
Jīntiān wǔ yuè bā hào ma?

B : 今天不是五月八号。오늘은 5월 8일이 아니에요.
Jīntiān bú shì wǔ yuè bā hào.

A : 今天星期天吗? 오늘이 일요일이에요?
Jīntiān xīngqītiān ma?

B : 今天不是星期天。오늘은 일요일이 아니에요.
Jīntiān bú shì xīngqītiān.

A : 你是哪儿的人? 당신은 어디 사람인가요?
Nǐ shì nǎr de rén?

B : 我{龙仁/天安}人。전 (용인/천안) 사람이에요.
Wǒ {Lóngrén/Tiān'ān} rén.

天安 Tiān'ān 고유 천안.

2. 날짜 표현법

구분	표현법	예시
연	단위 없이 각 숫자를 하나씩 끊어 읽고 뒤에 年nián을 붙인다.	1999년 : 一九九九年yī jiǔ jiǔ jiǔ nián. 2000년 : 二零零零年èr líng líng líng nián./liǎng qiān nián. 2016년 : 二零一六年èr líng yī liù nián.
월	해당 월의 숫자 뒤에 月yuè를 붙여 읽는다.	2월 : 二月èr yuè. 12월 : 十二月shí'èr yuè.
일	해당 날짜 뒤에 号hào 또는 日rì를 붙여 읽는다.	4일 : 四号sì hào. 四日sì rì. 30일 : 三十号sānshí hào. 三十日sānshí rì.
요일	星期xīngqī 뒤에 一~六, 天 또는 日를 붙여 표현한다.	월요일 : 星期一xīngqīyī. 화요일 : 星期二xīngqī'èr. 수요일 : 星期三xīngqīsān. 목요일 : 星期四xīngqīsì. 금요일 : 星期五xīngqīwǔ. 토요일 : 星期六xīngqīliù. 일요일 : 星期天xīngqītiān(星期日xīngqīrì).

회화 1의 교체 확장 연습

1. 今天/十月十号

⇨ A : 今天几月几号?　　A : 오늘은 몇 월 며칠이지요?

B : 今天十月十号。　　B : 오늘은 10월 10일이에요.

(1) 下星期一/四月十八号

⇨ A :　　A :

B :　　B :

(2) 你的生日/十一月二十三号

⇨ A :　　A :

B :　　B :

2. 明天/星期二

⇨ A : 明天星期几?　　A : 내일이 무슨 요일이지요?

B : 明天星期二。　　B : 내일은 화요일이에요.

(1) 后天/星期六

⇨ A :　　A :

B :　　B :

(2) 今年的圣诞节/星期天

圣诞节 Shèngdànjié 명 크리스마스.

⇨ A :　　A :

B :　　B :

3. 今天，星期二/星期三

⇨ A : 今天是星期二吗?　　A : 오늘이 화요일인가?

B : 今天不是星期二, 是星期三。　　B : 오늘은 화요일이 아니고 수요일이야.

(1) 后天，星期五/星期天

⇨ A :　　A :

B :　　B :

(2) 校庆日，星期六/星期四

校庆日 xiàoqìngrì 명 개교기념일.

⇨ A :　　A :

B :　　B :

회화 2의 학습 포인트

1. 시각 표현법

단위		표현법	예시
시		点(整)diǎn(zhěng)	2:00 两点liǎng diǎn. *二点èr diǎn.(사용 안 함) 12:00 十二点整shí'èr diǎn zhěng.
분	분	分fēn	10:05 十点(零)五分shí diǎn (líng) wǔ fēn. 10:10 十点十分shí diǎn shí fēn.
	15분	刻kè	4:15 四点一刻sì diǎn yí kè. *两刻.(사용 안 함) 5:45 五点三刻wǔ diǎn sān kè/差一刻六点chà yí kè liù diǎn.
	30분	半bàn	6:30 六点半liù diǎn bàn.
	분 전	差chà...分fēn(刻kè)	9:45 差一刻十点chà yí kè shí diǎn/十点差一刻shí diǎn chà yí kè. 9:50 差十分十点chà shí fēn shí diǎn/十点差十分shí diǎn chà shí fēn.
초		秒miǎo	59초 五十九秒wǔshíjiǔ miǎo.

2. 시간명사

명사 중에 시간을 표시하는 명사를 시간명사라고 칭한다.

구분	예시				
연	前年 qiánnián 그러께(재작년)	去年 qùnián 지난해(작년)	今年 jīnnián 올해(금년)	明年 míngnián 다음 해(내년)	后年 hòunián 후년
월	上上个月 shàng shàng ge yuè 지지난달	上个月 shàng ge yuè 지난달	这个月 zhè ge yuè 이달	下个月 xià ge yuè 내달	下下个月 xià xià ge yuè 다음다음 달
주	上上个星期 shàng shàng ge xīngqī 지지난 주	上个星期 shàng ge xīngqī 지난주	这个星期 zhè ge xīngqī 이번 주	下个星期 xià ge xīngqī 다음 주	下下个星期 xià xià ge xīngqī 다음다음 주
일	前天 qiántiān 그제(그저께)	昨天 zuótiān 어제	今天 jīntiān 오늘	明天 míngtiān 내일	后天 hòutiān 모레
때	早上 zǎoshang 아침	上午 shàngwǔ 오전	中午 zhōngwǔ 점심	下午 xiàwǔ 오후	晚上 wǎnshang 저녁

회화 2의 교체 확장 연습

1.

几点/九点整	
⇨A : 现在几点？	A : 지금 몇 시에요?
B : 现在九点整。	B : 지금 9시 정각이에요.

(1) 几点几分/十点十分

⇨ A：______　　A : ______

B：______　　B : ______

(2) 几点几分几秒/九点十分五十五秒

⇨ A：______　　A : ______

B：______　　B : ______

2.

北京时间/九点半	
⇨A : 现在北京时间几点？	A : 지금 베이징 시간으로 몇 시죠?
B : 现在北京时间九点半。	B : 지금 베이징 시간으로 9시 반이에요.

(1) 首尔时间/差一刻十点

⇨ A：______　　A : ______

B：______　　B : ______

(2) 东京时间/晚上十一点

⇨ A：______　　A : ______

B：______　　B : ______

그림 보고 답하기 1

(1)

2016
5月

星期日	星期一	星期二	星期三	星期四	星期五	星期六
1	2	3	4	⑤	6	7
8	9	10	11	12	13	14
15	16	17	18	19	20	21
22	23	24	25	26	27	28
29	30	31				

A：今天几月几号？

B：……………………

(2)

2016
3月

星期日	星期一	星期二	星期三	星期四	星期五	星期六
		1	2	3	4	5
6	7	8	9	10	11	12
13	14	15	16	17	18	19
20	21	22	23	24	25	26
27	28	29	30	31		

A：三月十二号星期几？

B：……………………

(3)

2016
3月

星期日	星期一	星期二	星期三	星期四	星期五	星期六
		1	2	3	4	5
6	7	8	$9^{2.1}$	10	11	12
13	14	15	16	17	18	19
20	21	22	$23^{2.15}$	24	25	26
27	28	29	30	31		

A：三月十五号农历几月几号？

B：……………………

그림 보고 답하기 2

(1) 

A：现在几点？

B：

(2) 

A：现在几点几分？

B：

(3) 

A：

B：现在下午四点半。

(4) 대화 내용에 맞게 시계 바늘을 그려 넣으시오.

A：现在几点？

B：现在五点五十分十八秒。

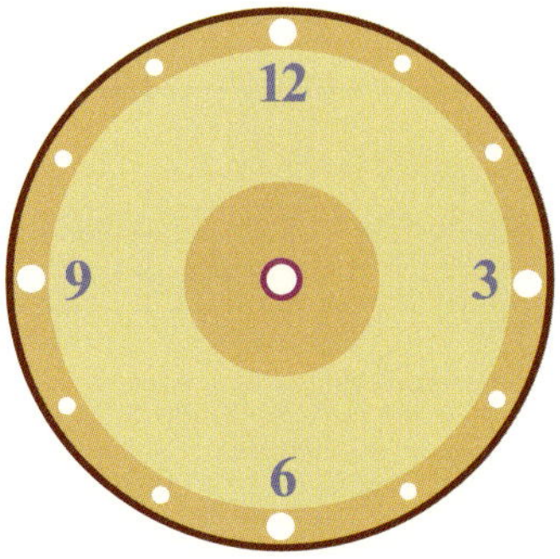

연습 문제

1. 녹음을 듣고 대화와 어울리는 그림을 고르시오. 7-5

(1) ①

②

③

(2) ①

②

③

2. 녹음을 듣고 묻는 말에 답하시오. 7-6

(1) ....

(2) ....

(3) ....

(4) ....

연습 문제

학과 : 학번 : 이름 :

3. 아래 문장을 큰 소리로 읽어보시오.

(1) Jīntiān jǐ yuè jǐ hào?

(2) Jīntiān xīngqī jǐ, shì xīngqīsān ma?

(3) Xiànzài jǐ diǎn?

(4) Xiànzài Běijīng shíjiān shì chà yí kè jiǔ diǎn.

4. 한어병음에 해당하는 한자를 쓰시오.

(1) shēngrì →

(2) Shǒu'ěr →

(3) (xīng)期三

(4) 时(chā)

5. 단어들을 재배치하여 문장을 완성하시오.

(1) 我的生日 四月十六号 农历 是 。

(2) 九点 也 中国 四十五分 是 吗 ？

月	yuè	丿 冂 月 月	月 月
号	hào	丨 口 旦 号	号 号
星	xīng	丨 冂 日 日 戸 旦 昰 星 星	星 星
期	qī	一 十 廾 廾 甘 其 其 期 期 期 期	期 期
点	diǎn	丨 卜 占 占 占 点 点 点 点	点 点
刻	kè	丶 亠 亡 亥 亥 亥 刻 刻	刻 刻
分	fēn	丿 八 分 分	分 分
差	chà	丶 丷 丷 兰 兰 差 差 差 差	差 差
首	shǒu	丷 䒑 䒑 产 首 首 首 首	首 首
尔	ěr	丿 𠂉 尔 尔 尔	尔 尔

중국의 전통 명절

중국의 대표적인 공휴일로는 원단(元旦, 1월 1일), 춘절(春节, 음력 1월 1일), 청명절(清明节, 음력으로 청명 당일), 국제노동절(国际劳动节, 5월 1일), 단오절(端午节, 음력 5월 5일), 중추절(中秋节, 음력 8월 15일), 국경절(国庆节, 10월 1일) 등이 있다.

중국의 주요 전통 명절傳統節日로는 춘절春節 · 원소절元宵節 · 청명절淸明節 · 단오절端午節 · 중추절中秋節 등이 있다.

▷ 춘절

음력陰曆 정월 초하루에 지내는 명절로 우리의 '음력설'에 해당된다. 1911년 신해혁명 이후 양력을 사용하면서부터 음력 1월 1일 설날을 '춘절'이라 부르게 되었다. 설날 하루 전날을 '섣달그믐'이라고 하는데 이날은 흩어져 있던 가족들이 함께 모이는 날로서 많은 사람들이 자지 않고 밤을 지새우며 새해를 맞이한다.

▷ 원소절

음력 1월 15일이며 '연등절燈節'이라고도 한다. 우리의 '대보름날'에 해당되는 명절로 설날 이후 처음으로 보름달이 뜨는 날이다. 이날은 원소元宵를 먹고 등불을 구경하는 풍습이 있다. 원소는 달콤한 소 등을 찹쌀가루 외피로 싸서 만든 동글동글한 떡으로 '가족이 한자리에 둥그렇게 모인다.'라는 뜻이 있다.

▷ 청명절

양력 4월 5일 전후로 조상에게 제사를 지내는 날이다. 이날 사람들은 조상의 묘에 성묘를 하거나 열사를 추모한다. 날씨가 따뜻해지고 새싹도 돋아나므로 사람들은 교외로 나가 산책을 하거나 연날리기 등을 하면서 봄날을 즐기기 때문에 달리 '답청절踏清節'이라고도 한다.

▷ 단오절

음력 5월 5일이다. 이 때면 날씨가 더워지기 시작하고 병충해가 많이 생기므로 기생충을 없애고 병을 물리치기 위한 명절이다. 애국 시인 굴원(屈原, 기원전 340~278년)을 기리기 위한 날이라고도 한다. 굴원은 전국시대 초楚나라 사람으로 초나라가 진秦나라에 망하자 5월 5일에 멱라수에 뛰어들어 목숨을 끊었다고 한다. 그 후부터 사람들은 5월 5일이 되면 강에서 용주龍舟를 저으면서 그를 추모하고 쌀을 담은 죽통을 강에 던져 그에게 제사를 지냈다. 이날은 쭝즈粽子를 먹고 용주 경기를 하며 지낸다.

▷ 중추절

음력 8월 15일로 가을의 중간에 있다고 하여 '중추中秋'라고 하며, 우리의 '추석', '한가위'에 해당된다. 중추절이 되면 달떡, 즉 월병月餠을 만들어 '달의 신'에게 제사를 지낸 후 가족들과 함께 나누어 먹었다.

第八课

今天你几点起床?

새 낱말

8-1·2

회화 1

起床 qǐchuáng 동 기상하다.

呢 ne 조 나열하거나 주의를 환기시키기 위하여 사용하는 조사.

早饭 zǎofàn 명 아침(밥).

课 kè 명 수업.

上 shàng 동 오르다. 어떤 일을 하다.

下 xià 동 내리다. 어떤 일을 마치다.

去 qù 동 가다.

회화 2

空儿 kòngr 명 틈, 짬, 시간.

打工 dǎgōng 동 아르바이트하다.

事(儿) shì(shìr) 명 일.

看 kàn 동 보다.

电影 diànyǐng 명 영화.

怎么样 zěnmeyàng 대 어떠하다.

太~了 tài~le 너무 ~하다.

亭子站 Tíngzizhàn 고유 정자역.

附近 fùjìn 명 근처.

家 jiā 양 (커피숍 따위를) 세는 단위.

咖啡厅 kāfēitīng 명 커피숍.

咱们 zánmen 대 우리들.

出口 chūkǒu 명 출구.

见 jiàn 동 만나다.

吧 ba 조 -자(문장 맨 끝에 쓰여, 제의 · 청유 · 기대 · 명령 등의 어기를 나타냄).

학습 포인트

회화 1

'언제 어찌하다' 표현: 언제(시간명사)

⇨ 今天你几点起床?

'왕래'의 표현

⇨ 你什么时候去教室?

회화 2

'어디서 어찌하다' 표현: 어디서(전치사+장소명사)

⇨ 你在哪儿打工?

'언제 어디서 어찌하다' 표현: '시간+장소'

⇨ 咱们五点半在亭子站3号出口见吧。

회화 1

8-3

李东民：今天你几点起床？
Jīntiān nǐ jǐ diǎn qǐchuáng?

王大杰：六点半。你呢？
Liù diǎn bàn. Nǐ ne?

李东民：我呢，六点一刻起床，七点吃早饭。
Wǒ ne, liù diǎn yí kè qǐchuáng, qī diǎn chī zǎofàn.

王大杰：今天你有课吗？
Jīntiān nǐ yǒu kè ma?

李东民：我上午没有课，下午三点上课，五点五十分下课。
Wǒ shàngwǔ méi yǒu kè, xiàwǔ sān diǎn shàng kè, wǔ diǎn wǔshí fēn xià kè.

王大杰：你什么时候去教室？
Nǐ shénme shíhou qù jiàoshì?

李东民：两点三刻去。
Liǎng diǎn sān kè qù.

Tip

- '上课'는 하나의 낱말이기도 하지만 두 낱말이 결합된 구조도 된다. 전자는 '수업하다'의 뜻이고, 후자는 '구체적인 어떤 과목의 수업을 듣다', '수업에 들어가다' 등의 뜻이 있다.
- '教'가 명사로 쓰일 때는 jiào로 읽고, 동사로 쓰일 때는 jiāo로 읽는다.

회화 2

8-4

姜水晶：这个星期六你有空儿吗？
Zhè ge xīngqīliù nǐ yǒu kòngr ma?

张小明：我打工，有什么事儿吗？
Wǒ dǎgōng, yǒu shénme shìr ma?

姜水晶：我们看电影，怎么样？
Wǒmen kàn diànyǐng, zěnmeyàng?

张小明：好，星期六晚上有时间。
Hǎo, xīngqīliù wǎnshang yǒu shíjiān.

姜水晶：那太好了，你在哪儿打工？
Nà tài hǎo le, nǐ zài nǎr dǎgōng?

张小明：在亭子站附近的一家咖啡厅。
Zài Tíngzizhàn fùjìn de yì jiā kāfēitīng.

姜水晶：咱们五点半在亭子站3号出口见吧。
Zánmen wǔ diǎn bàn zài Tíngzizhàn sān hào chūkǒu jiàn ba.

Tip

- '看'과 '见'은 '看(볼-간)', '見(볼-견)'으로 '보다'라는 공통적인 의미가 있지만, 우리말의 '보다', '보이다', '뵙다'처럼 의미상의 차이를 보이기도 한다.
- 우리는 '죽전역(竹田驛)'처럼 '驛'으로 표시하는데, 중국어는 '北京站'처럼 '站'으로 표시한다.

회화 1의 학습 포인트

1. '언제 어찌하다' 표현: 언제(시간명사)

'언제'에 해당하는 표현은 시간명사를 사용한다. 시간명사는 '언제'에 해당하는 부사어 역할도 하지만, 날짜 표현 등에서처럼 주어로 쓰이기도 있다.

주어 + 부사어(시간명사) + 술어 + …

A : 你几点去学校? 넌 몇 시에 학교에 가니?
Nǐ jǐ diǎn qù xuéxiào?

B : 我八点去学校。난 8시에 학교에 가.
Wǒ bā diǎn qù xuéxiào.

A : 你几点吃早饭? 넌 몇 시에 아침 먹니?
Nǐ jǐ diǎn chī zǎofàn.

B : 我七点吃早饭。나 7시에 아침 먹어.
Wǒ qī diǎn chī zǎofàn.

A : 你星期五下午做什么? 넌 금요일 오후에 뭐 하니?
Nǐ xīngqīwǔ xiàwǔ zuò shénme?

B : 我打壁球。난 스쿼시 쳐.
Wǒ dǎ bìqiú.

学校 xuéxiào 명 학교. 打 dǎ 동 치다. 壁球 bìqiú 명 스쿼시(squash).

2. '왕래'의 표현

'가다', '오다'에 해당하는 중국어로는 '去', '来', '走', '到' 등이 있다.

낱말	설명	예문
去	'목적지에 가다'의 뜻을 나타냄.	• 你什么时候去教室? 교실에 언제 가니? Nǐ shénme shíhou qù jiàoshì?
来	'목적지로 오다'의 뜻으로 '화자나 화제의 방향으로 옴'을 나타냄.	• 我三点来学校。난 3시에 학교에 와. Wǒ sān diǎn lái xuéxiào.
到	'지향하는 목적지에 이르다'의 뜻으로 전치사로도 쓰이고 동사로도 쓰인다. '도착'의 뜻이 있음.	• 我三点到学校。난 3시에 학교에 도착해. Wǒ sān diǎn dào xuéxiào. • 到哪儿去? 어디까지 가세요? Dào nǎr qù?
走	'걷다', '경유지 등을 통하여 지나가다', '떠나다'의 뜻을 나타냄.	• 走路。길을 걷다. Zǒu lù. • 八点走吧。8시에 떠나자. Bā diǎn zǒu ba.

회화 1의 교체 확장 연습

1. 几点, 起床 / 六点

⇨ A：你几点起床?　　A：넌 몇 시에 일어나니?

B：我六点起床。　　B：난 6시에 일어나.

(1) 几点, 刷牙洗脸 / 七点

刷牙 shuā yá 동 양치하다. 洗脸 xǐ liǎn 동 세수하다.

⇨ A：　　A :

B：　　B :

(2) 几点，下课 / 下午五点五十分

⇨ A：　　A :

B：　　B :

(3) 几点，睡觉 / 晚上十点五十分

睡觉 shuìjiào 동 잠을 자다.

⇨ A：　　A :

B：　　B :

2. 什么时候，去教室 / 下午两点三刻

⇨ A：你什么时候去教室?　　A：넌 언제 교실에 가니?

B：我下午两点三刻去教室。　　B：난 오후 2시 45분에 교실에 가.

(1) 什么时候，来学校 / 每天早上八点半

每天 měitiān 명 매일.

⇨ A：　　A :

B：　　B :

(2) 什么时候，回中国 / 明年

回 huí 동 돌아가다.

⇨ A：　　A :

B：　　B :

(3) 什么时候，走 / 明天早上六点

⇨ A：　　A :

B：　　B :

회화 2의 학습 포인트

1. '어디서 어찌하다' 표현: 어디서(전치사+장소명사)

'전치사在+장소명사'형식으로 술어 앞에서 동작이 발생하는 장소를 나타낸다.

A : 你们在哪儿吃午饭? 너희는 어디에서 점심을 먹니?
Nǐmen zài nǎr chī wǔfàn?

B : 我们在学校食堂吃午饭。 우린 학교 식당에서 점심을 먹어.
Wǒmen zài xuéxiào shítáng chī wǔfàn.

A : 你在哪儿打工? 넌 어디에서 아르바이트하니?
Nǐ zài nǎr dǎgōng?

B : 我在一家咖啡厅打工。 난 커피숍에서 아르바이트하고 있어.
Wǒ zài yì jiā kāfēitīng dǎgōng.

A : 你们在哪儿看书? 너희들은 어디에서 책을 보니?
Nǐmen zài nǎr kàn shū?

B : 我们在教室看书。 우린 교실에서 책을 봐.
Wǒmen zài jiàoshì kàn shū.

午饭 wǔfàn 명 점심(밥). 食堂 shítáng 명 식당.

2. '언제 어디서 어찌하다' 표현: '시간+장소'

시간과 장소를 동시에 말할 때는 우리말처럼 '시간+장소'의 순서로 표현한다.

A: 我们什么时候在哪儿见呢? 우리 언제 어디서 볼까?
Wǒmen shénme shíhou zài nǎr jiàn ne?

B: 我们下课后在学校大门口见吧。 수업 마친 뒤 학교 정문에서 만나자.
Wǒmen xiàkè hòu zài xuéxiào dàménkǒu jiàn ba.

A: 你们晚上在哪儿吃饭? 너흰 저녁에 어디에서 밥 먹니?
Nǐmen wǎnshang zài nǎr chī fàn?

B: 我们晚上在家吃饭。 우린 저녁에 집에서 밥 먹어.
Wǒmen wǎnshang zài jiā chī fàn.

后 hòu 명 뒤. 후. 大门口 dàménkǒu 명 정문 입구.

회화 2의 교체 확장 연습

1. 打工 / 在一家咖啡厅

⇨ A：你在哪儿打工？　　A：넌 어디에서 아르바이트하니?

B：我在一家咖啡厅打工。　　B：난 커피숍에서 아르바이트해.

(1) 上课 / 在人文馆508号

人文馆 Rénwénguǎn 고유 인문관.

⇨ A：　　A：

B：　　B：

(2) 上班 / 在银行

上班 shàngbān 동 출근하다. 근무하다. 银行 yínháng 명 은행.

⇨ A：　　A：

B：　　B：

(3) 看书 / 在栗谷图书馆

栗谷图书馆 Lìgǔ túshūguǎn 고유 율곡도서관.

⇨ A：　　A：

B：　　B：

2. 什么时候，打工 / 星期六，在一家咖啡厅

⇨ A：你什么时候在哪儿打工？　　A：넌 언제 어디에서 아르바이트하니?

B：我星期六在一家咖啡厅打工。　　B：난 토요일에 커피숍에서 아르바이트해.

(1) 下午，上课/在人文馆508号

⇨ A：　　A：

B：　　B：

(2) 现在，上班 / 在银行

⇨ A：　　A：

B：　　B：

(3) 昨天，看书 / 在栗谷图书馆

⇨ A：　　A：

B：　　B：

그림 보고 답하기 1

(1)

A：今天他几点起床?

B：

(2)

课程表

日期 時間	星期一	星期二	星期三	星期四	星期五
9:00	数学	语文	数学	语文	班会
10:00	语文	美术	音乐	数学	语文
11:00	科学	数学	作文	科学	写字
12:00	音乐	体育	作文	体育	大扫除

A：星期四他几点有体育课?

B：

(3)

A：他每天几点睡觉?

B：

그림 보고 답하기 2

(1)

<table>
<tr><th>星期
节次</th><th>一</th><th>二</th><th>三</th><th>四</th><th>五</th></tr>
<tr><td>1</td><td rowspan="2">數学
(303)</td><td>作文
(405)</td><td rowspan="2">科学
(202)</td><td></td><td rowspan="2">英语
(405)</td></tr>
<tr><td>2</td><td rowspan="2">英语
(405)</td><td rowspan="2">汉语
(508)</td></tr>
<tr><td>3</td><td></td><td rowspan="2">數学
(303)</td><td></td></tr>
<tr><td>4</td><td>音乐
(207)</td><td>体育
(101)</td><td>作文
(405)</td><td>美术
(107)</td></tr>
</table>

A：他星期四在哪个教室上汉语课?

B：

(2)

A：她星期五下午在哪儿打工?

B：

图书馆 túshūguǎn 명 도서관.

(3)

A：你下午在哪儿打壁球?

B：

体育馆 tǐyùguǎn 명 체육관.

연습 문제

1. 녹음을 듣고 대화와 어울리는 사진을 고르시오. 8-5

(1) ① 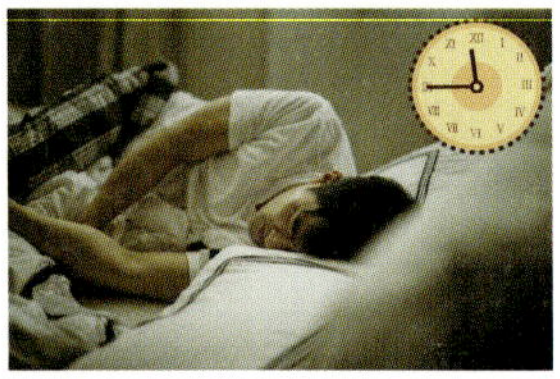 ②  ③ 

(2) ①  ②  ③ 

2. 녹음을 듣고 묻는 말에 답하시오. 8-6

(1) ....

(2) ....

(3) ....

(4) ....

연습 문제

학과 : 학번 : 이름 :

3. 아래 문장을 큰 소리로 읽어보시오.

(1) Jīntiān nǐ jǐ diǎn qǐchuáng?

(2) Nǐ shénme shíhou qù jiàoshì?

(3) Nà tài hǎo le, nǐ zài nǎr dǎgōng?

(4) Zánmen wǔ diǎn bàn zài Tíngzizhàn sān hào chūrùkǒu jiàn ba.

4. 한어병음에 해당하는 한자를 쓰시오.

(1) shuā yá →

(2) dǎgōng →

(3) (qǐ)床

(4) 附(jìn)

5. 단어들을 재배치하여 문장을 완성하시오.

(1) 去 两点 三刻 教室 。

(2) 时间 晚上 有 星期六 。

起	qǐ	一 十 土 丰 丰 走 走 起 起 起
床	chuáng	丶 亠 广 户 庄 床 床
课	kè	丶 讠 讠 讵 讵 诅 误 谭 课 课
去	qù	一 十 土 去 去
空	kòng	丶 丶 宀 宂 穴 空 空 空
打	dǎ	一 扌 扌 打 打
看	kàn	一 二 三 手 手 看 看 看 看
散	sàn	一 十 卄 艹 芈 昔 昔 昔 背 背 散 散
咖	kā	丨 口 口 叮 叻 叻 咖 咖
啡	fēi	丨 口 口 叫 叫 咡 咡 啡 啡 啡 啡

숫자 이야기

중국어의 숫자는 수를 세는 본래의 기능 외에도 여러 가지 다른 의미를 지닌다.

‘一’yī는 ‘집중하다’라는 의미를, ‘二’èr은 ‘집중하지 않다’라는 의미를 나타낸다. 그래서 ‘二心’은 ‘집중하지 못하거나 충실하지 못한 것’을 나타낸다. ‘三’sān은 ‘三思而后行’(여러 번 생각한 후 행하다)이란 말처럼 세 번이 아닌 ‘여러 번’을 나타낸다. ‘四’sì는 ‘死’sǐ와 발음이 비슷하여 중국 사람들이 기피하는 경향이 있다. ‘五’wǔ는 ‘五行说’과 관련되어 쓰이는 낱말이 많은데 예컨대 ‘五色’, ‘五官’ 등이 있다. 오행설은 만물이 목화토금수木火土金水 다섯 가지 기본 원소가 서로 상생相生 · 상극相克하면서 이루어진다는 사상이다. ‘六’liù는 ‘六六顺’liùliùshǔn에서 ‘순조롭다’는 의미가 생겨 전화번호나 차량 번호 등에 많이 쓰인다. ‘七’qī와 ‘八’bā는 짝이 되어 숙어로 많이 쓰이는데 ‘수량이 많음’을 나타낸다. 예컨대 ‘七嘴八舌’(여러 사람이 떠들썩하게 말하다), ‘乱七八糟’(많은 물건이 너저분하다) 등이 그렇다. 또 ‘八’bā는 발음이 ‘发财’fācái(돈을 벌다)의 ‘发’fā와 비슷해 좋은 의미로 차량 번호 등에 많이 쓰인다. ‘九’jiǔ는 한 자리 숫자 가운데 가장 큰 수로 ‘매우 많다’ 또는 ‘가장’의 뜻을 갖고 있다. 또 ‘九’jiǔ는 ‘오래도록’의 뜻을 나타내는 ‘久’jiǔ와 발음이 같아 사람들이 좋아하는 숫자 가운데 하나이다. ‘十’shí는 ‘완전하다’라는 뜻을 갖고 있다. 그래서 완벽하고 훌륭한 것을 ‘十全十美’라고 한다. 그리고 중국인들은 짝수를 선호하는데 선물할 때도 짝수로 하는 경향이 있으며, 연회에서 음식을 주문할 때도 대개 4, 8, 12 등 짝수 개수로 시킨다.

은행 등에서 숫자를 쓸 때는 壹, 贰, 叁, 肆, 伍, 陆, 柒, 捌, 玖, 拾 등 대문자로 쓴다.

아래는 숫자를 손가락으로 표시하는 방법이다.

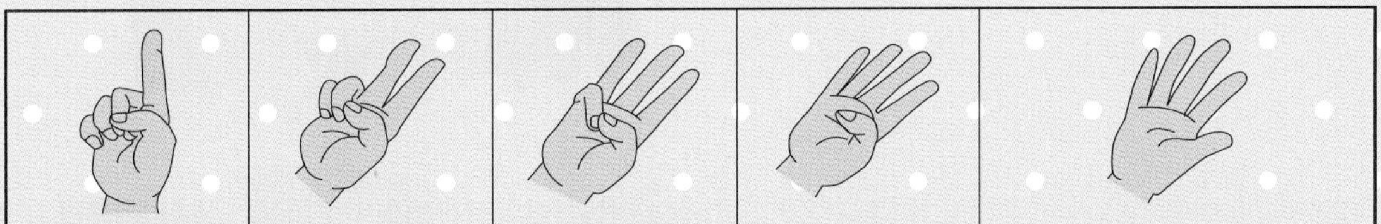

一yī / 壹	二èr / 贰	三sān / 叁	四sì / 肆	五wǔ / 伍

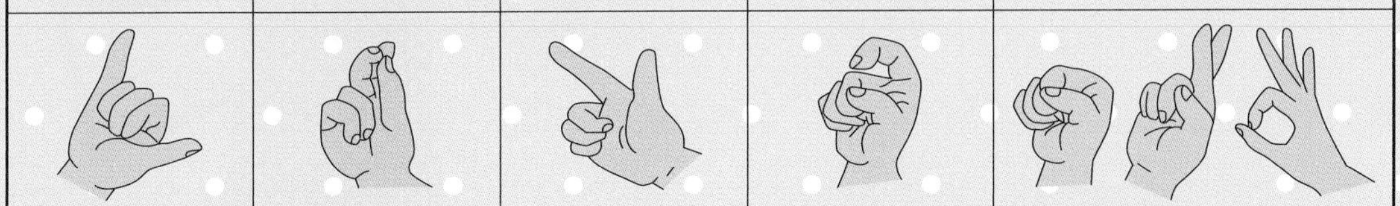

六liù / 陆	七qī / 柒	八bā / 捌	九jiǔ / 玖	十shí / 拾

第九课

这学期你选了几门课?

새 낱말

9-1·2

회화 1

学期 xuéqī [명] 학기.

选 xuǎn [동] 고르다. 신청하다.

了 le [조] (술어 뒤에 와서 그 동작이나 행위가 일단락되었음을 나타냄.)

门 mén [양] (과목 따위를 세는) 양사.

一共 yígòng [부] 모두. 합하여.

修 xiū [동] 닦다. 이수하다.

学分 xuéfēn [명] 학점.

这么 zhème [대] 이렇게.

小时 xiǎoshí [명] 시간 .

大概 dàgài [명][부] 대강. 대체로.

问题 wèntí [명] 문제.

考虑 kǎolǜ [동] 고려하다. 고민하다.

取消 qǔxiāo [동] 취소하다.

회화 2

考 kǎo [동] 시험을 보다. 시험을 치다.

完 wán [동] 끝내다. 마무리하다.

期中考试 qīzhōngkǎoshì [명] 중간고사.

还 hái [부] 아직. 여전히. 그래도.

复习 fùxí [동] 복습하다. 시험공부하다.

考试 kǎoshì [명] 시험.

范围 fànwéi [명] 범위.

加油 jiāyóu [동] 힘내다. 응원하다.

祝 zhù [동] 빌다. 기원하다. 축하하다.

好运 hǎoyùn [명] 행운.

학습 포인트

회화 1

동태조사: 了

⇨ 这学期你选了几门课?

기간의 표현

⇨ 一天大概上四五个小时。

회화 2

결과보어

⇨ 昨天晚上复习到2点。

술어+결과보어+了(동태조사)

⇨ 你考完了期中考试吗?

회화 1

9-3

姜水晶 : 这学期你选了几门课?
Zhè xuéqī nǐ xuǎnle jǐ mén kè?

王大杰 : 我选了七门课，一共修十九个学分。
Wǒ xuǎnle qī mén kè, yígòng xiū shíjiǔ ge xuéfēn.

姜水晶 : 这么多！那你一天上几个小时的课?
Zhème duō! Nà nǐ yì tiān shàng jǐ ge xiǎoshí de kè?

王大杰 : 一天大概上四五个小时。
Yì tiān dàgài shàng sìwǔ ge xiǎoshí.

姜水晶 : 课这么多，没问题吗?
Kè zhème duō, méi wèntí ma?

王大杰 : 现在我考虑取消一门课。
Xiànzài wǒ kǎolǜ qǔxiāo yì mén kè.

회화 2

9-4

张小明：你考完了期中考试吗？
Nǐ kǎowánle qīzhōngkǎoshì ma?

王大杰：还没考完，昨天考了两门课，还有三门课。
Hái méi kǎowán, zuótiān kǎole liǎng mén kè, hái yǒu sān mén kè.

张小明：你复习好了明天的考试吗？
Nǐ fùxí hǎole míngtiān de kǎoshì ma?

王大杰：考试范围太大，复习了三天，还没看完。
Kǎoshì fànwéi tài dà, fùxíle sāntiān, hái méi kànwán.

张小明：我也是。昨天晚上复习到两点，也没看完。
Wǒ yě shì. Zuótiān wǎnshang fùxí daò liǎng diǎn, yě méi kànwán.

王大杰：我们加油吧！
Wǒmen jiāyóu ba!

张小明：好！谢谢！祝你好运！
Hǎo! Xièxie! Zhù nǐ hǎoyùn!

회화 1의 학습 포인트

1. 동태조사: 了

了는 술어 뒤(목적어가 오면 술어와 목적어 사이)에 와서 술어의 동작, 행위가 일단락된 상황을 나타낸다. 주로 과거의 표현에 많이 쓰이지만, 현재, 미래에도 쓰이므로 시제를 나타내는 것은 아니다. 부정형은 '了'를 빼고 술어 앞에 '没(有)'를 붙인다.

주어+술어+동태조사(了)+목적어

A : 今天你们学了第九课吗? 오늘 너희 9과 배웠니?
Jīntiān nǐmen xuéle dì jiǔ kè ma?

B : 今天我们没有学第九课。 오늘 우리 9과 배우지 않았어.
Jīntiān wǒmen méiyǒu xué dì jiǔ kè.

A : 我们什么时候走呢? 우리 언제 가죠?
Wǒmen shénme shíhou zǒu ne?

B : 我们明天吃了早饭再走吧。 내일 아침 먹고 가죠.
Wǒmen míngtiān chīle zǎofàn zài zǒu ba.

学 xué 통 배우다.

2. 기간의 표현

시간의 길이, 즉 '기간'은 술어 뒤에 와서 술어의 의미를 보충해 준다.

주어 + 술어 + (동태조사) + 목적어[기간]

A : 你们等了几分钟? 너희 몇 분 기다렸어?
Nǐmen děngle jǐ fēn zhōng?

B : 我们等了十分钟。 우리 10분 기다렸어.
Wǒmen děngle shí fēn zhōng.

A : 昨天你睡了几个小时? 너 어제 몇 시간 잤니?
Zuótiān nǐ shuìle jǐ ge xiǎoshí?

B : 昨天我睡了五个小时。 나 어제 5시간 잤어.
Zuótiān wǒ shuì le wǔ ge xiǎoshí.

A : 这双皮鞋你穿了多久? 이 구두 얼마나 오래 신었니?
Zhè shuāng píxié nǐ chuānle duō jiǔ?

B : 我穿了一年多。 1년 남짓 신었어.
Wǒ chuānle yì nián duō.

等 děng 통 기다리다. 钟 zhōng 명 동안. 双 shuāng 양 켤레. 穿 chuān 동 신다.

회화 1의 교체 확장 연습

1. 选了，几门课/七门课

⇨ A：你选了几门课？　　A：넌 몇 과목 수강 신청했니?

B：我选了七门课。　　B：난 7과목 수강 신청했어.

(1) 考了，什么/汉语

⇨ A：　　A：

B：　　B：

(2) 买了，什么东西/一本书

买 mǎi 동 사다. 东西 dōngxi 명 물건.

⇨ A：　　A：

B：　　B：

(3) 学了，第几课/第八课

⇨ A：　　A：

B：　　B：

2. 上了，几个小时/四个小时

⇨ A：他上了几个小时？　　A：그는 몇 시간 수업했나요?

B：他上了四个小时。　　B：그는 4시간 수업했어요.

(1) 睡了，几个小时/五个小时

⇨ A：　　A：

B：　　B：

(2) 走了，几天/三天

⇨ A：　　A：

B：　　B：

(3) 吃了，几个小时/两个小时

⇨ A：　　A：

B：　　B：

회화 2의 학습 포인트

1. 결과보어

결과보어는 술어(동사나 형용사) 바로 뒤에 와서 동작이나 변화의 결과를 표시한다. 그래서 '상황의 변화' 의미를 나타내는 어기조사 '了le'가 문미에서 호응하기도 한다. 결과보어로 쓰이는 동사는 주로 到dào, 完wán 등이 있고, 형용사는 好hǎo, 多duō 등이 있다. 부정형은 술어 앞에 '没(有)'를 붙인다.

주어 + 술어 + 결과보어 + (목적어)

A : 他们走到哪儿了？ 그들은 어디까지 걸어갔니?
Tāmen zǒudào nǎr le?

B : 他们走到学校了。그들은 학교까지 걸어갔어.
Tāmen zǒudào xuéxiào le.

A : 你看完那本书了吗？ 너 그 책 다 봤니?
Nǐ kànwán nà běn shū le ma?

B : 那本书我还没看完。그 책 나 아직 다 못 봤어.
Nà běn shū wǒ hái méi kànwán.

2. 술어+결과보어+동태조사(了)

결과보어는 일단락된 상황을 나타내는 동태조사 '了'와 결합하기도 한다. 이때는 '결과'의 의미에 '일단락된 상황'의 뜻이 합쳐진 것으로 볼 수 있다.

주어 + 술어 + 결과보어 + 동태조사 + 목적어

A : 你做完了那件事吗？ 너 그 일 다 했니?
Nǐ zuòwánle nà jiàn shì ma?

B : 我做完了那件事。그 일 다 했어.
Wǒ zuòwánle nà jiàn shì.

A : 你的病怎么样？ 아픈 거 좀 어때?
Nǐ de bìng zěnmeyàng?

B : 好多了，谢谢！ 많이 좋아졌어, 고마워.
Hǎoduōle，xièxie!

病 bìng 명동 병, 아프다.

회화 2의 교체 확장 연습

1. 复习到, 几点 / 两点

⇨A : 他复习到几点了?　　A: 그는 몇 시까지 복습했지?

B: 他复习到两点了。　　B: 그는 2시까지 복습했어.

(1) 走到, 哪儿 / 竹田站　　竹田站 Zhútiánzhàn 고유 죽전역.

⇨ A : ....　　A : ....

B : ....　　B : ....

(2) 学到, 哪儿 / 第八课

⇨ A : ....　　A : ....

B : ....　　B : ....

(3) 说到, 哪儿 / 第四句　　说 shuō 동 말하다. 句 jù 명 문장.

⇨ A : ....　　A : ....

B : ....　　B : ....

2. 考完了, 什么课 / 汉语

⇨A : 你考完了什么课?　　A : 넌 무슨 시험 다 쳤니?

B : 我考完了汉语课。　　B : 난 중국어 시험 다 쳤어.

(1) 复习好了, 什么 / 汉语考试

⇨ A : ....　　A : ....

B : ....　　B : ....

(2) 看完了, 哪本小说 / 那本小说　　小说 xiǎoshuō 명 소설, 소설책.

⇨ A : ....　　A : ....

B : ....　　B : ....

(3) 考上了, 哪所大学 / 檀国大学　　所 suǒ 양 개.[학교 등을 세는 단위] 檀国大学 Tánguódàxué 고유 단국대학.

⇨ A : ....　　A : ....

B : ....　　B : ....

그림 보고 답하기 1

(1)

2年级 第1学期

课程	每周学时	学分	教师姓名
大学英语	3	3	Jane Mara
体育	2	2	张志勇
汉语口语	2	2	王菲菲
贸易学	3	3	李高

A：

B：这学期我选了四门课。

(2)

과목명	전공유형	전공	학점	정원	시수	취소
e - 비지니스개론 (01)	전선	경영학	3	3/40	3	취소
경영학개론 (01)	전선	경영학	3	3/40	3	신청
생산관리 (01)	전선	경영학	3	1/40	3	신청

A：

B：她取消了一门课。

(3)

<table>
<tr><th>星期 / 节次</th><th>一</th><th>二</th><th>三</th><th>四</th><th>五</th></tr>
<tr><td>1</td><td rowspan="2">數学</td><td>作文</td><td rowspan="2">科学</td><td></td><td rowspan="2">英语</td></tr>
<tr><td>2</td><td rowspan="2">英语</td><td rowspan="2">语文</td></tr>
<tr><td>3</td><td></td><td rowspan="2">數学</td><td>作文</td></tr>
<tr><td>4</td><td rowspan="2">语文</td><td></td><td>作文</td><td>美术</td></tr>
<tr><td>5</td><td>体育</td><td></td><td></td><td></td></tr>
<tr><td>6</td><td>音乐</td><td></td><td>美术</td><td>体育</td><td></td></tr>
</table>

A：星期四他上几个小时?

B：

그림 보고 답하기 2

(1)

A：昨天晚上她复习到几点?

B：

(2)

星期 / 节次	一	二	三	四	五
1			科学		数学
2	音乐	作文		语文	
3	美术		体育		
4		英语			

A：星期一他考完了几门课?

B：

연습 문제

1. 녹음을 듣고 대화와 어울리는 사진을 고르시오. 9-5

(1) ①  ② 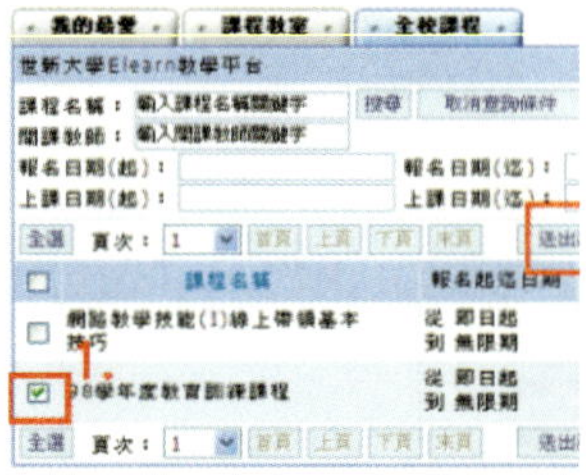 ③ 

(2) ①

课程	每周学时	学分
体育	2	2
英语	3	3
数学	4	4
历史	3	3

②  ③ 

2. 녹음을 듣고 묻는 말에 답하시오. 9-6

(1)

(2)

(3)

(4)

연습 문제

학과 : 학번 : 이름 :

3. 아래 문장을 큰 소리로 읽어보시오.

(1) Zhè xuéqī nǐ xuǎnle jǐ mén kè?

(2) Yì tiān dàgài shàng sìwǔ ge xiǎoshí.

(3) Nǐ kǎowánle qīzhōngkǎoshì ma?

(4) Zuótiān wǎnshang fùxí dào liǎng diǎn.

4. 한어병음에 해당하는 한자를 쓰시오.

(1) wèntí →

(2) Zhù nǐ hǎoyùn! →

(3) 大(gài)

(4) 范(wéi)

5. 단어들을 재배치하여 문장을 완성하시오.

(1) 一门课　取消　我　考虑　。

(2) 吧　加油　我们　！

选 xuǎn	选	选							
修 xiū	修	修							
考 kǎo	考	考							
虑 lǜ	虑	虑							
复 fù	复	复							
试 shì	试	试							
加 jiā	加	加							
祝 zhù	祝	祝							
范 fàn	范	范							
围 wéi	围	围							

중국의 교육제도

▷ 중국의 학제

중국도 우리나라와 마찬가지로 기본적으로 초등학교 6년, 중학교 3년, 고등학교 3년의 6–3–3제이고 의무교육 기간은 9년이다. 초등학교는 '소학'이라고 하는데 만 6세에 입학하여 6년간 수학하는 교육과정이다. 중등교육은 12–17세의 학생들이 받는 교육이다. 중등교육은 보통중등교육普通中学教育과 중등직업기술교육中等职业技术教育 등으로 나뉜다. 보통중등교육은 다시 중학교初级中学와 고등학교高级中学로 나누어지는데 교육 기간은 각각 3년씩이다. 중등직업기술 교육기관으로는 직업고등학교职业高中, 기술학교技术学校, 중등전문학교中等专科学校 등이 있으며 교육기간은 3년 내지 4년이다. 고등교육 기관은 종학대학大学, 단과대학学院, 전문대학大专으로 나뉘며 교육 기간은 각각 4년, 2~3년, 3년이다. 대학원研究生院에는 석사과정과 박사과정이 있다.

▷ 대학 입시

중국의 고등학교 졸업 예정자들은 대학에 입학하기 위해 우리나라의 대학수학능력시험과 비슷한 시험인 '普通高等学校招生全国统一考试'를 치른다. 이를 줄여 일반적으로 '까오카오高考'라 부른다. 지역에 따라 약간의 차이가 있긴 하지만 학생들은 이 성적으로 '대학입학지원서普通高校招生考生志愿表'를 작성하여 3개 대학까지 지원할 수 있고, 각 대학마다 3~6개의 학과나 전공에 지원할 수 있다.

까오카오는 중국 전역에 걸쳐서 1년에 1회 시행되는데 예전에는 7월 7일부터 3일간 치렀으나 2003년부터 더위를 피해 6월 초에 이틀 동안 치러진다. 첫째 날은 '어문학'과 '수학' 시험을 보고 둘째 날은 문과와 이과가 과목을 따로 나눠 보는 '종합' 시험과 영어를 비롯한 '외국어' 시험을 본다.

중국은 지역인 넓은 만큼 대학도 많다. 전국 100위 안에 들면 좋은 대학이라 할 수 있다. 최근 몇 년 동안 '베이징대北京大学', '칭화대清华大学', '저장대浙江大学'가 중국 상위 우수 대학으로 꼽혀 왔다. 그 외에 '푸단대复旦大学', '난징대南京大学', '우한대武汉大学', '지린대吉林大学' '상하이쟈오통대上海交通大学', '화중커지대华中科技大学', '시안쟈오통대西安交通大学'가 상위권 대학이라고 할 수 있다.

까오카오를 잘 봐서 좋은 대학에 보내려는 중국의 교육열은 그 어느 나라 못지않다. 중국의 학부모들은 자녀를 명문대에 보내기 위해 유치원부터 초등학교, 중학교, 고등학교에 이르기까지 사교육을 많이 시킨다. 하지만 심한 빈부 격차로 인해 저소득층 아이들은 사교육을 받지 못한다.

▷ 대학 생활

중국 대학은 전원 기숙사제이기 때문에 집에서 다닐 수 있는 학생도 대학의 기숙사에서 생활한다. 식사는 학교 내의 학생 식당을 이용한다. 식사 시간에 식사를 할 공간이 부족하여 학생들은 각자 덮개가 있는 그릇이나 도시락 통을 가지고 와서 음식을 받아 자기 방 같은 데서 먹기도 한다. 대부분의 학생이 장학금을 받지만 그 돈을 모두 생활비로 쓰기 때문에 검소한 생활을 한다. 최근에는 식비나 생활비가 비싸져 아르바이트로 학비와 생활비를 버는 학생도 있다.

第十课

到檀国大学怎么走?

새 낱말

10-1·2

회화 1

请问 qǐngwèn [동] 여쭙다.
从 cóng [전] …(에)서. …(으)로부터.
怎么 zěnme [대] 어찌. 어떻게.
坐 zuò [동] 앉다. 타다. 타고가다.
盆唐线 Péntángxiàn [고유] 분당선.
下车 xià chē [동] 하차하다.
就 jiù [부] 바로.
可以 kěyǐ [형] 좋다. 괜찮다. 되다.
出来 chūlái [동] 나오다.
向 xiàng [전] …(으)로. 향하여.
左 zuǒ [명] 왼쪽.
拐 guǎi [동] 돌다.
底 dǐ [명] 끝.
过 guò [동] 건너다. 지나가다.
马路 mǎlù [명] 길. 큰길.
班车 bānchē [명] 셔틀.
如果 rúguǒ [접] 만약.
办 bàn [동] 하다. (수속 등을) 밟다.
路 lù [명] (교통수단의) 노선.
或 huò [접] 혹은. 또는.
公交车 gōngjiāochē [명] 공공 버스.

회화 2

研究生楼 Yánjiūshēnglóu [명] 대학원동.
前面 qiánmiàn [명] 앞. 앞쪽. 전면.
最 zuì [부] 가장.
高 gāo [형] 높다.
的 de [조] …의. …(은)ㄴ. …는. …(으)ㄹ. …(었/았)던.
大楼 dàlóu [명] 고층 건물. 빌딩.
找 zhǎo [동] 찾다.
宿舍 sùshè [명] 기숙사.
难 nán [형] 어렵다.
往 wǎng [전] …(으)로. 향하여.
前 qián [명] 앞. 전.
右 yòu [명] 오른쪽.
转 zhuǎn [동] 돌다.
问 wèn [동] 묻다.
别人 biérén [명] 다른 사람.

학습 포인트

회화 1

'어떻게 어찌하다' 표현
⇨ 怎么走?

부사어: 전치사구
⇨ 向…拐

회화 2

구조조사 '的'(2)
⇨ 형용사+的
⇨ 동사+的

회화 1

10-3

王大杰：请问，从亭子站到檀国大学怎么走？
Qǐngwèn, cóng Tíngzizhàn dào Tánguódàxué zěnme zǒu?

姜水晶：你坐盆唐线，到竹田站下车。
Nǐ zuò Péntángxiàn, dào Zhútiánzhàn xià chē.

王大杰：谢谢！出来以后怎么走？
Xièxie! Chūlái yǐhòu zěnme zǒu?

姜水晶：从三号出口出来，向左拐，走到底，过马路，坐班车。
Cóng sān hào chūkǒu chūlái, xiàng zuǒ guǎi, zǒudào dǐ, guò mǎlù, zuò bānchē.

王大杰：如果没有班车怎么办？
Rúguǒ méi yǒu bānchē zěnme bàn?

姜水晶：那坐24路或40路公交车。
Nà, zuò 24 lù huò 40 lù gōngjiāochē.

王大杰：谢谢！
Xièxie!

Tip

- 坐zuò는 '앉다'의 뜻이지만 교통수단 관련 동사로 쓰일 때는 '이용하다'의 뜻으로도 쓰인다. 上shàng은 '(차에) 오르다'의 뜻이며, 下xià는 '(차에서) 내리다'의 뜻이다.

회화 2

10-4

中国学生：请问，研究生楼在哪儿？
Qǐngwèn, Yánjiūshēnglóu zài nǎr?

李东民：您看到前面最高的大楼吧？
Nín kàndào qiánmiàn zuì gāo de dàlóu ba?

中国学生：是的。
Shì de.

李东民：那就是您找的研究生楼。
Nà jiù shì nín zhǎo de Yánjiūshēnglóu.

中国学生：那去学生宿舍怎么走？
Nà qù xuéshēngsùshè zěnme zǒu?

李东民：这个不太好找，往前走到底，向右转，再问别人吧。
Zhège bú tài hǎo zhǎo, wǎng qián zǒudào dǐ, xiàng yòu zhuǎn, zài wèn biérén ba.

中国学生：谢谢您！
Xièxie nín!

Tip

- 대학생은 '大学生dàxuéshēng'이라고 하고, 대학원생은 '研究生yánjiūshēng'이라고 한다.

회화 1의 학습 포인트

1. '어떻게 어찌하다' 표현

'어떻게'는 부사어로 술어를 꾸미는 역할을 하는데 우리말처럼 술어 앞에 온다. 부사는 부사어 역할을 하는 전형적인 품사이다.

주어 + 부사어(부사) + 술어 + 목적어

A : 我怎么谢你呢? 제가 당신에게 어떻게 감사를 드려야 할지?
Wǒ zěnme xiè nǐ ne?

B : 别客气! 별말씀을요!
Bié kèqi!

A : 这个怎么做? 이것 어떻게 해요?
Zhège zěnme zuò?

B : 这个这么做。이건 이렇게 해요.
Zhège zhème zuò.

A : 这个汉语怎么说? 중국어로 어떻게 말하죠?
Zhège Hànyǔ zěnme shuō?

B : 汉语说"妈妈"。중국어로 '마마'라고 해요.
Hànyǔ shuō 'māma'.

别 bié (부) –지 마라. 客气 kèqi (동) 사양하다. 체면을 차리다. 这个 zhège (대) 이것.

2. 부사어: 전치사구

전치사구는 '전치사+명사/명사구'의 형식으로 직접 부사어 역할을 한다.

주어 + 부사어(전치사+명사/명사구)+술어

A : 你从哪儿来? 너 어디에서 오니?
Nǐ cóng nǎr lái?

B : 我从学校来。나 학교에서 와.
Wǒ cóng xuéxiào lái.

A : 去银行往东走，对吗? 은행에 가려면 동쪽으로 가는 것이 맞나요?
Qù yínháng wǎng dōng zǒu, duì ma?

B : 是，往东走。네, 동쪽으로 가세요.
Shì, wǎng dōng zǒu.

东 dōng (명) 동쪽.

회화 1의 교체 확장 연습

1. 班车，怎么办 / 公交车

⇨A : 没有班车怎么办?	A : 셔틀이 없으면 어떻게 하죠?
B : 那你坐公交车。	B : 그럼, 버스를 이용하세요.

(1) 地铁，怎么办 / 公共汽车

地铁 ditiě 명 지하철. 公共汽车 gōnggòngqìchē 명 버스.

⇨ A :

B :

A :

B :

(2) 飞机，怎么办 / 巴士

飞机 fēijī 명 비행기. 巴士 bāshì 명 버스.

⇨ A :

B :

A :

B :

(3) 公共汽车，怎么办 / 出租汽车

公共汽车 gōnggòngqìchē 명 버스. 出租汽车 chūzūqìchē 명 택시.

⇨ A :

B :

A :

B :

2. 檀国大学, 怎么走 / 在前面向左拐

⇨A :去檀国大学怎么走?	A : 단국대 가려면 어떻게 가죠?
B : 你在前面向左拐，走到底。	B : 앞에서 왼쪽으로 돌아 끝까지 가세요.

(1) 竹田邮局, 怎么走 / 在前面向右转

竹田邮局 Zhútiányóujú 고유 죽전 우체국.

⇨ A :

B :

A :

B :

(2) 首尔银行, 怎么走 / 到十字路口向右拐

十字路口 shízìlùkǒu 명 네거리.

⇨ A :

B :

A :

B :

(3) 龙仁市政府, 怎么走 / 到十字路口向左转

市政府 shìzhèngfǔ 명 시청.

⇨ A :

B :

A :

B :

회화 2의 학습 포인트

1. 구조조사 '的'(2)

(1) 형용사+的

형용사와 결합할 때의 의미는 '…(었/았)던', '…(으)ㄴ', '…(을)ㄹ'이다.

A : 她是谁? 걘 누구니?
Tā shì shéi?

B : 她是我们班上最漂亮的女同学。 걔가 우리 반에서 제일 예쁜 여학생이야.
Tā shì wǒmen bān shàng zuì piàoliang de nǚtóngxué.

A : 这是什么? 이게 뭐니?
Zhè shì shénme?

B : 这是世上最贵的东西。 이게 세상에서 제일 비싼 물건이야.
Zhè shì shìshàng zuì guì de dōngxi.

班上 bān shàng 반에서. 女同学 nǚtóngxué 여자 동기.
世上 shìshàng 명 세상. 贵 guì 형 비싸다.

(2) 동사+的

동사와 결합할 때의 의미는 '…(으)ㄴ', '…던', '…는', '…(으)ㄹ' 등이다.

A : 他怎么样? 저 사람은 어때?
Tā zěnmeyàng?

B : 他就是我们找的那个人。 저 사람이 바로 우리가 찾던 그 사람이야.
Tā jiù shì wǒmen zhǎo de nà ge rén.

A : 他是谁? 걘 누구니?
Tā shì shéi?

B : 他是我一年前认识的好朋友。 걘 1년 전에 알게 된 내 좋은 친구야.
Tā shì wǒ yì nián qián rènshi de hǎo péngyou.

A : 老师懂的事情多不多? 선생님은 아시는 게 많아, 많지 않아?
Lǎoshī dǒng de shìqing duō bu duō?

B : 老师知道的事情真多。 선생님은 아시는 게 참 많아.
Lǎoshī zhīdao de shìqing zhēn duō.

事情 shìqing 명 일, 사건, 것.

회화 2의 교체 확장 연습

1.

> 那，什么/高，大楼
>
> ⇨A : 那是什么？　　　A : 저것은 무엇이에요?
>
> B : 那是我们学校最高的大楼。　　　B : 저건 우리 학교에서 제일 높은 건물이에요.

(1) 她，谁/漂亮，女同学

⇨ A :　　　A :

B :　　　B :

(2) 那，什么/贵，东西

⇨ A :　　　A :

B :　　　B :

(3) 他，谁/帅，男同学

男同学 nántóngxué 남자 동기.

⇨ A :　　　A :

B :　　　B :

2.

> 那，什么/上课，研究生楼
>
> ⇨A : 那是什么？　　　A : 저것은 무엇이지요?
>
> B : 那是我上课的研究生楼。　　　B : 저건 제가 수업하는 대학원동이에요.

(1) 那，什么/学习，汉语课本

学习 xuéxí 동 공부하다. 배우다. 课本 kèběn 명 교재.

⇨ A :　　　A :

B :　　　B :

(2) 她，谁/喜欢，女同学

喜欢 xǐhuan 동 좋아하다.

⇨ A :　　　A :

B :　　　B :

(3) 这，什么/给你，生日礼物

给 gěi 동 주다. 礼物 lǐwù 명 선물.

⇨ A :　　　A :

B :　　　B :

그림 보고 답하기 1

(1)

A：去邮局怎么走？

B：……………………………………

交叉路口 jiāochālùkǒu [명] 교차로 입구.

(2)

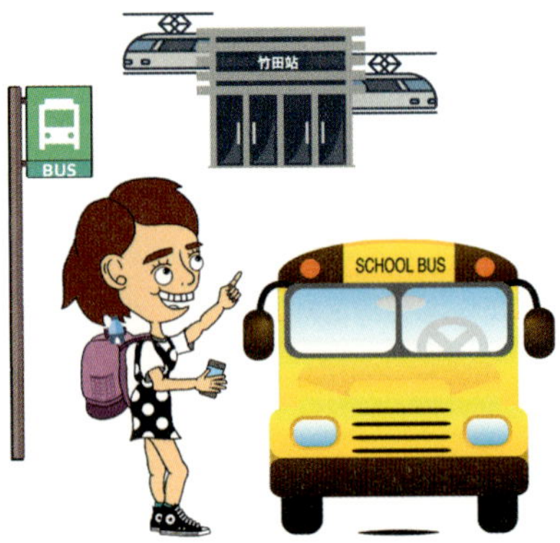

A：去檀国大学怎么走？

B：……………………………………

换乘 huànchéng [동] 갈아타다.

(3)

A：从你家去小王家怎么走？

B：……………………………………

北 běi [명] 북. 북쪽. 左边 zuǒbiān [명] 왼쪽. 왼편.

그림 보고 답하기 2

(1)

A：人文馆在哪儿？

B：

(2)

A：体育馆在哪儿？

B：

中间 zhōngjiān 명 중간, 가운데.

(3)

A：法律系办公室在哪儿？

B：

法律系 fǎlǜxì 명 법학과. 办公室 bàngōngshì 명 사무실.

연습 문제

1. 녹음을 듣고 대화와 어울리는 사진을 고르시오. 10-5

(1) ①

②

③

(2) ①

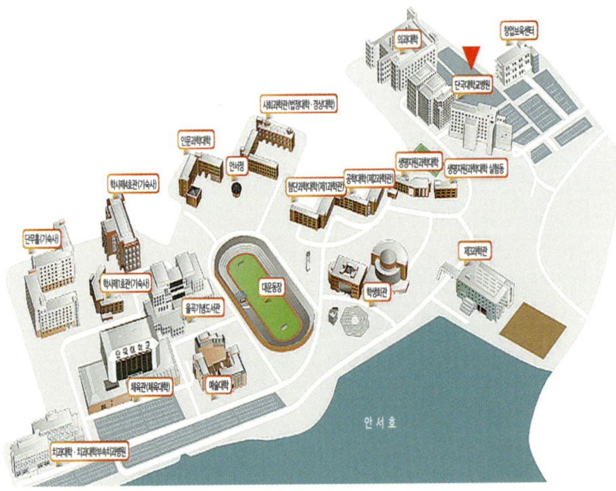

②

③

2. 녹음을 듣고 묻는 말에 답하시오. 10-6

(1) ....

(2) ....

(3) ....

(4) ....

연습 문제

학과 : 학번 : 이름 :

3. 아래 문장을 큰 소리로 읽어보시오.

(1) Qǐngwèn, qù Tánguódàxué zěnme zǒu?

(2) Rúguǒ méi yǒu bānchē, zěnme bàn?

(3) Nín kàndào qiánmiàn zuì gāo de dàlóu ba?

(4) Nà jiù shì nín zhǎo de Yánjiūshēnglóu.

4. 한어병음에 해당하는 한자를 쓰시오.

(1) Tánguódàxué →

(2) Xuéshēngsùshè →

(3) (bān)车

(4) 比(jiào)

5. 단어들을 재배치하여 문장을 완성하시오.

(1) 你 盆唐线 到竹田站 坐 下车 。

....

(2) 走到 往前 底 。

....

坐 zuò	丿 人 从 从 坐 坐 坐
向 xiàng	′ 丨′ 门 向 向 向
拐 guǎi	一 扌 扌 扌 扌 扌 拐 拐
办 bàn	丁 力 办 办
找 zhǎo	一 扌 扌 扌 找 找 找
往 wǎng	′ 彳 彳 彳 往 往 往 往
转 zhuǎn	一 车 车 车 转 转 转 转
问 wèn	丶 门 门 问 问 问
比 bǐ	一 比 比 比
较 jiào	一 车 车 车 较 较 较 较 较 较

중국의 교통수단 기차

중국에서 기차를 탈 때 기차표에서 'D' 'Z' 'K' 'T' 등의 알파벳을 자주 볼 수 있다. 'D'로 시작하는 것은 중국에서 만든, 운행 속도 시속 200㎞ 이상인 '허시에하오和谐号' 고속철도中国铁路高速列车의 CRHChina Railway High-speed 시리즈 열차를 가리킨다. 'Z'로 시작하는 것은 '직행 특급 쾌속 열차直达特快列车'를 가리키는데 중간에 서지 않고 목적지에 도착한다. 'T'로 시작하는 것은 '특급 쾌속 열차特快旅客列车'를 가리키면 각 성의 행정 소재지나 대도시를 경유한다. 'K'로 시작하는 것은 '쾌속 열차快速旅客列车'로 일반적으로 시군의 행정 소재지나 일반 도시를 경유한다. 'Y'는 '관광 열차旅游旅客列车'이다.

중국의 열차 칸은 침대칸과 좌석칸으로 나뉜다. 침대칸에는 '硬卧'와 '软卧' 두 종류가 있다. '硬卧'는 얇은 매트리스가 깔려 있는 딱딱한 침대로 된 침대칸으로 상 · 중 · 하 3층으로 되어 있다. 맨 아래 칸이 가장 비싸고, 맨 위 칸은 앉아 있을 수 없을 정도로 천정이 낮아 제일 싸다. '软卧'는 푹신한 침대가 있는 침대칸으로 4인 1실이며 양쪽으로 2층으로 된 침대가 있다. 담요, 보온병, 컵 등이 구비되어 있고, 문을 닫을 수 있어서 조용하게 여행할 수 있다. 가격은 '硬卧'보다 훨씬 비싸다.
좌석칸에는 '硬座'와 '软座' 두 종류가 있다. '硬座'는 90도 각도로 고정되어 있는 딱딱한 좌석으로 자리이다. '软座'는 푹신푹신한 좌석으로 되어 있으며 다른 칸의 사람들이 들어오지 못하므로 여행을 편안하게 할 수 있다.

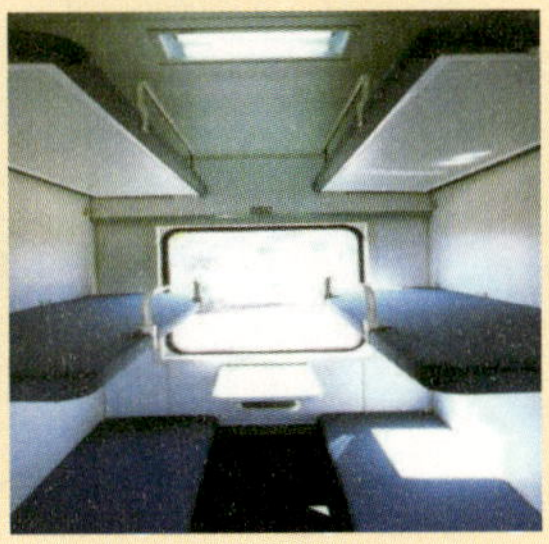

第十一课

我要买衬衫。

새 낱말

11-1·2

회화 1

想 xiǎng 동 생각하다. …하고 싶다.

(一)点儿 (yì)diǎnr 양 조금. 약간[구어에서는 자주 '一'를 생략함]

要 yào 동 원하다. 필요하다.

里 li 명 안. 속.

卫生纸 wèishēngzhǐ 명 (화장실용) 휴지.

牙膏 yágāo 명 치약.

洗发精 xǐfàjīng 명 샴푸.

什么的 shénmede 조 ~등. 따위.

用 yòng 동 쓰다.

光 guāng 형 하나도 남지 않다.

陪 péi 동모시다. 동반하다.

一起 yìqǐ 부 같이. 함께.

超市 chāoshì 명 超级市场(슈퍼마켓)의 약칭.

便利店 biànlìdiàn 명 편의점.

有点儿 yǒudiǎnr 부 조금. 약간.(주로 여의치 않은 일에 쓰임.)

회화 2

衣服 yīfu 명 옷.

不错 búcuò 형 좋다. 괜찮다.

进去 jìnqù 동 들어가다.

试 shì 동 시험 삼아 해 보다.

件 jiàn 양 옷, 사건 등을 세는 단위.

衬衫 chènshān 명 셔츠. 블라우스.

又 yòu 부 또. 더하여. 동시에.

便宜 piányi 형 값이 싸다.

条 tiáo 양 바지, 치마 등을 세는 단위.

裤子 kùzi 명 바지.

好看 hǎokàn 형 보기 좋다. 아름답다.

就是 jiùshi 부 ~뿐이다.(범위를 한정)

多少 duōshao 대 얼마. 몇.

钱 qián 명 돈.

万 wàn 수 만.

元 yuán 명 (화폐단위) 원.

韩币 Hánbì 명 한국의 원화.

학습 포인트

회화 1

연동문 : 동사1(목적어1)+동사2(목적어2)

⇨ 我去超市买东西。

능원동사(1) : 想, 要

⇨ 我想喝咖啡。

⇨ 我要买这件衬衫。

회화 2

又A又B : A하기도 하고 B하기도 하다.

⇨ 这件衬衫又漂亮又便宜。

A是A, ... : A하긴 하지만....

⇨ 好看是好看，但是.....

⇨ 去是去，就是.....

회화 1

11-3

张小明 : 明天我想去买点儿东西。
Míngtiān wǒ xiǎng qù mǎi diǎnr dōngxi.

姜水晶 : 要买什么?
Yào mǎi shénme?

张小明 : 宿舍里的卫生纸、牙膏、洗发精什么的，都用光了。
Sùshè li de wèishēngzhǐ, yágāo, xǐfàjīng shénmede, dōu yòngguāng le.

姜水晶 : 我陪你一起去吧。
Wǒ péi nǐ yìqǐ qù ba.

张小明 : 谢谢。去哪儿买好呢?
Xièxie. Qù nǎr mǎi hǎo ne?

姜水晶 : 去超市吧，便利店有点儿贵。
Qù chāoshì ba, biànlìdiàn yǒudiǎnr guì.

Tip

"宿舍里的卫生纸、牙膏、洗发精什么的，都用光了。"

什么的는 하나 혹은 여러 개의 단어나 구 뒤에 쓰여서 열거되지 않은 사항이 더 남아 있음을 표시한다. 한국어의 '등등'과 같은 의미로 쓰인다.

我要买鸡蛋、牛奶、面包什么的。나는 계란, 우유, 빵 등을 살 거야.
Wǒ yào mǎi jīdàn, niúnǎi, miànbāo shénmede.

唱歌、跳舞什么的，我都喜欢。노래 부르기, 춤 추기 같은 것들, 나는 다 좋아해.
Chàng gē, tiàowǔ shénmede, wǒ dōu xǐhuan.

鸡蛋 jīdàn 명 계란. 牛奶 niúnǎi 명 우유. 面包 miànbāo 명 빵.
唱 chàng 동 (노래)부르다. 歌 gē 명 노래. 跳舞 tiàowǔ 동 춤을 추다.

회화 2

11-4

王大杰：这儿的衣服很不错啊。
Zhèr de yīfu hěn búcuò a.

姜水晶：进去试试吧。
Jìnqù shìshi ba.

王大杰：我喜欢这件衬衫，又漂亮又便宜。
Wǒ xǐhuan zhè jiàn chènshān, yòu piàoliang yòu piányi.

姜水晶：那条裤子也很好看。
Nà tiáo kùzi yě hěn hǎokàn.

王大杰：好看是好看，就是有点儿贵。
Hǎokàn shì hǎokàn, jiùshi yǒudiǎnr guì.

姜水晶：多少钱?
Duōshao qián?

王大杰：十万元韩币。
Shíwàn yuán Hánbì.

姜水晶：太贵了。
Tài guì le.

Tip

"进去试试吧!"

동사의 중첩이라는 문법 현상으로, 같은 동사를 두 번 연달아 말하여 '좀 ~하다', '~해보다'라는 의미를 나타낸다. 단음절 동사가 중첩된 경우, 뒤의 음절은 경성으로 발음한다.

我们问问老师吧! 우리 선생님께 여쭤 보자.
Wǒmen wènwen lǎoshī ba!

我有点儿累，要休息休息。 나 약간 피곤해, 좀 쉴래.
Wǒ yǒudiǎnr lèi, yào xiūxixiūxi.

회화 1의 학습 포인트

1. 연동문

하나의 주어에 두 개 이상의 동사가 연속되는 문장을 연동문이라고 한다. 어떤 동작을 하기에 앞서 먼저 필요한 동작이 있거나 수단, 방법 등이 설명되어야 할 경우 사용하는 형식이다.

주어+동사술어$_1$(목적어$_1$)+동사술어$_2$(목적어$_2$)

你们来我家玩儿吧。 너희 우리 집에 놀러 와.
Nǐmen lái wǒ jiā wánr ba.

星期天我去图书馆看书。 일요일에 나는 도서관에 가서 책을 본다.(일요일에 나는 책을 보러 도서관에 간다.)
Xīngqītiān wǒ qù túshūguǎn kàn shū.

在课堂上，你们用汉语说话！ 교실에서, 너희는 중국어로 말을 해라!
Zài kètáng shàng, nǐmen yòng Hànyǔ shuōhuà!

你坐船去中国吗？ 너는 배를 타고 중국에 가니?
Nǐ zuò chuán qù Zhōngguó ma

玩儿 wánr [동] 놀다. 图书馆 túshūguǎn [명] 도서관.
课堂 kètáng [명] 강의실. 说话 shuōhuà [동] 말하다. 船 chuán [명] 배.

2. 능원동사(1) : 想, 要

능원동사란 가능이나 바람의 의미를 나타내는 동사이다. 동사술어는 명사뿐만 아니라 동사구를 목적어로 취하기도 하는데, 想과 要가 동사구를 목적어로 취하면 동작에 대해 '~하고 싶다', '~할 것이다'라는 의미를 나타낸다.

我想喝牛奶。 나는 우유를 마시고 싶어.
Wǒ xiǎng hē niúnǎi.

我要看书。 나는 책을 볼래.
Wǒ yào kàn shū.

능원동사의 부정형은 앞에 不를 붙인다. 단 要는 不要가 아닌 不想의 형식을 취한다.

我不想喝牛奶。 나는 우유를 마시고 싶지 않아.
Wǒ bù xiǎng hē niúnǎi.

我不想看书。 나는 책을 안 볼 거야.
Wǒ bù xiǎng kàn shū.

喝 hē [동] 마시다.

회화 1의 교체 확장 연습

1.
去中国　学习汉语	
⇨ 我去中国学习汉语。	나는 중국에 가서 중국어를 공부할 거야.

(1) 坐地铁　上班

⇨

(2) 用汉语　上课

⇨

2.
想　喝茶	茶 chá 명 차.
⇨ 我想喝茶。	나는 차를 마시고 싶어.
⇨ 我不想喝茶。	나는 차를 마시고 싶지 않아.

(1) 想　吃面包

⇨

⇨

要　买苹果	苹果 píngguǒ 명 사과.
⇨ 他要买苹果。	그는 사과를 사려고 한다.
⇨ 他不想买苹果。	그는 사과를 사고 싶지 않다.

(2) 要　喝可乐　　　可乐 kělè 명 콜라.

⇨

⇨

회화 2의 학습 포인트

1. 又A又B: A하기도 하고 B하기도 하다

두 개의 상태나 동작이 동시에 존재할 경우 이를 압축적으로 표현할 수 있는 형식이다.

这个苹果又大又甜。 이 사과는 크고 달다.
Zhè ge píngguǒ yòu dà yòu tián.

我弟弟又高又帅。 내 남동생은 키가 크고 잘 생겼어.
Wǒ dìdi yòu gāo yòu shuài.

他不想去幼儿园, 又哭又闹。 그는 유치원에 가기 싫어 울며 떼쓴다.
Tā bù xiǎng qù yòu'éryuán, yòu kū yòu nào.

> 甜 tián 형 달다. 幼儿园 yòu'éryuán 명 유치원.
> 哭 kū 동 울다. 闹 nào 동 소란을 피우다.

2. A是A, ...: A하긴 하지만....

어떠한 상황 A를 인정하지만 반전되는 내용이 있음을 이어 말하는 구문이다. 반전의 내용은 역접의 의미를 이끄는 접속사 但是dànshì, 不过búguò 등이나 '오로지 ~일 뿐'이라는 의미로 범위를 제한하는 부사 就是jiùshi 등으로 시작된다.

这条裤子贵是贵, 但是很想买。 이 바지는 비싸긴 비싸. 그런데 무척 사고 싶어.
Zhè tiáo kùzi guì shì guì, dànshì hěn xiǎng mǎi.

我看是看了, 就是看不懂。 보기는 봤는데 이해가 안 돼.
Wǒ kàn shì kàn le, jiùshi kànbudǒng.

> 但是 dànshì 접 하지만. 不过 búguò 접 하지만.
> 看不懂 kàn bu dǒng (보고)이해를 못 하다.

회화 2의 교체 확장 연습

1. 孩子 / 白 / 胖

孩子 háizi 명 아이. 白 bái 형 하얗다. 胖 pàng 형 통통하다, 뚱뚱하다.

⇨ A：他的孩子怎么样？　　A：그의 아기는 어때?

B：他的孩子又白又胖。　　B：그의 아기는 하얗고 통통해.

(1) 房间 / 大 / 干净

房间 fángjiān 명 방. 干净 gānjìng 형 깨끗하다.

⇨ A：这个房间怎么样？　　A：

B：　　B：

(2) 西瓜 / 新鲜 / 便宜

西瓜 xīguā 명 수박. 新鲜 xīnxiān 형 신선하다, 싱싱하다.

⇨ A：这个西瓜怎么样？　　A：

B：　　B：

2. 好看/贵

⇨ A：这件衬衫好看吗？　　A：이 셔츠 예뻐요?

B：好看是好看，就是太贵了。　　B：예쁘긴 예쁜데, 너무 비싸요.

(1) 好喝/甜

好喝 hǎohē 형 (음료수 등) 맛있다.

⇨ A：咖啡好喝吗？　　A：

B：　　B：

(2) 喜欢/油

油 yóu 형 기름지다. 中餐 zhōngcān 명 중국식 요리.

⇨ A：你喜欢吃中餐吗？　　A：

B：　　B：

그림 보고 답하기 1

超市 / 买东西

A : 他们去哪儿?

B : 他们去超市买东西。

(1)

电影院 / 看电影

A : 你去哪儿?

B : ....

电影(院) diànyǐng(yuàn) 명 영화(관).

(2)

公园 / 散步

A : 她去哪儿?

B : ....

公园 gōngyuán 명 공원. 散步 sànbù 동 산책하다.

그림 보고 답하기 2

衬衫 / 好看 / 便宜

A : 这件衬衫怎么样?
B : 又好看又便宜。

(1)

小狗(条) / 乖/可爱

A : 那条小狗怎么样?

B : ....

小狗 xiǎogǒu 명 강아지. 乖 guāi 형 말을 잘 듣다.
可爱 kě'ài 형 귀엽다. 사랑스럽다.

(2)

男朋友 / 高 / 聪明

A : 你的男朋友怎么样?

B : ....

聪明 cōngming 형 똑똑하다. 총명하다.

연습 문제

1. 녹음을 듣고 대화와 어울리는 사진을 고르시오. 11-5

(1) ①  ②  ③ 

(2) ①  ②  ③ 

2. 녹음을 듣고 묻는 말에 답하시오. 11-6

(1) ....

(2) ....

(3) ....

(4) ....

연습 문제

학과 :　　　　　　　　학번 :　　　　　　　　이름 :

3. 병음을 보고 발음해 보시오.

(1) Yào mǎi shénme?

(2) Qù nǎr mǎi hǎo ne?

(3) Biànlìdiàn de dōngxi yǒudiǎnr guì.

(4) Wǒ xǐhuan zhè jiàn chènshān,

(5) Nà tiáo kùzi hěn hǎokàn.

(6) Jìnqù shìshi ba.

4. 병음에 해당하는 한자를 쓰시오.

(1) xǐhuan

(2) piányi

(3) 我(péi　　　　)你一起去吧。

(4) 多少(qián　　　　)?

5. 단어들을 재배치하여 문장을 완성하시오.

(1) 明天　　去超市　　我　　买东西　　。

(2) 又漂亮　　衬衫　　这件　　又便宜　　。

想	xiǎng	一 十 才 木 木 相 相 相 相 想 想 想 想
纸	zhǐ	ㄥ 纟 纟 纟 红 纸 纸
发	fà	𠂇 ナ 方 发 发
陪	péi	阝 阝 阝 阝 阝 阝 陪 陪 陪 陪
超	chāo	一 十 土 丰 丰 走 走 起 起 超 超 超
进	jìn	一 二 于 井 井 讲 进
便	pián	丿 亻 亻 亻 佰 佰 佰 便 便
条	tiáo	丿 夕 夂 冬 冬 条 条
裤	kù	丶 ㇇ 衤 衤 衤 衤 衤 衤 衤 裤 裤 裤
钱	qián	丿 ㇀ 𠃌 钅 钅 钅 钅 钱 钱 钱

우리의 평소 복장, 중국어로 뭐라 하지?

毛衣 máoyī 스웨터

帽衫 màoshān 후드티

T恤衫 Txùshān T셔츠

牛仔裤 niúzǎikù 청바지

连衣裙 liányīqún 원피스

短裤 duǎnkù 반바지

运动鞋 yùndòngxié 운동화

拖鞋 tuōxié 슬리퍼

人字拖 rénzìtuō 쪼리

第十二课

你吃过哪些韩国菜？

새 낱말

12-1·2

회화 1

菜 cài 명 요리. 반찬.

已经 yǐjing 부 이미.

习惯 xíguàn 명동 습관. 버릇(~이 되다.)

非常 fēicháng 부 매우. 무척.

过 guo 조 동사 뒤에 쓰여 경험을 표시.

哪些 nǎxiē 대 (복수의)어느. 어떤.

烤肉 kǎoròu 명 불고기.

哇 wa 조 啊가 'u·ao·ou'로 끝나는 음절 뒤에서 변한 발음으로 표기한 것.

参鸡汤 shēnjītāng 명 삼계탕.

拌饭 bànfàn 명 비빔밥.

哪 na 조 啊가 '~n'으로 끝나는 음절 뒤에서 변한 발음으로 표기한 것.

有名 yǒumíng 형 유명하다.

大都 dàdōu 부 대부분.

推荐 tuījiàn 동 추천하다.

一下 yíxià 양 동사 뒤에서 '좀~하다'의 뜻을 나타냄.

特别 tèbié 형 특별하다. 부 각별히.

请客 qǐngkè 동 접대하다. 한턱내다.

不用 búyòng 부 ~할 필요 없다.

还是 háishi 부 ~하는 편이 좋다.

AA制 AAzhì 더치페이(하다).

회화 2

能 néng 동 ~할 수 있다. ~해도 된다.

辣 là 형 맵다.

即席 jíxí 동 즉석에서 하다.

炒年糕 chǎoniángāo 명 떡볶이.

听说 tīngshuō 동 듣자하니. ~라고 한다.

一直 yìzhí 부 줄곧. 계속.

尝 cháng 동 맛보다.

饭馆儿 fànguǎnr 명 음식점.

有时 yǒushí 부 가끔씩. 종종.

需要 xūyào 명동 필요(하다).

位 wèi 명 자리.

面条 miàntiáo 명 국수.

학습 포인트

회화 1

동태조사: 过, 경험의 표시

⇨ 我吃过很多韩国菜。

구조조사 的(3) : ~(은)ㄴ 것

⇨ 有名的大都吃过。

회화 2

능원동사(2) : 能

⇨ 你能吃辣的吗?

의문을 표시하지 않는 의문사

⇨ 想吃什么，就点什么。

회화 1

12-3

姜水晶 : 韩国菜已经习惯了吗?

Hánguó cài yǐjīng xíguàn le ma?

张小明 : 对，我非常喜欢吃韩国菜。

Duì, wǒ fēicháng xǐhuan chī Hánguó cài.

姜水晶 : 你都吃过哪些?

Nǐ dōu chīguo nǎxiē?

张小明 : 烤肉哇、参鸡汤啊、拌饭哪，有名的大都吃过。

Kǎoròu wa,shēnjītāng a,bànfàn na,yǒumíng de dàdōu chīguo.

姜水晶 : 我今天给你推荐一下很特别的菜!

Wǒ jīntiān gěi nǐ tuījiàn yíxià hěn tèbié de cài!

张小明 : 那今天我请客!

Nà jīntiān wǒ qǐngkè!

姜水晶 : 不用了，还是AA制 好。

Búyòng le, háishi AAzhì hǎo.

Tip

"烤肉哇、蔘鸡汤啊、拌饭哪…"

어기조사인 啊는 문장에서 감탄이나 강조 등 여러 가지 의미를 나타낼 수 있는데 본문에서는 사물이나 사실을 열거하는 용법으로 사용되었다. 哇，哪，呀 등은 啊의 변이로서 앞 글자와의 연음현상을 고려해 변화된 발음과 같은 글자를 사용한 것이고 의미는 啊와 같다.

你快来呀! 너 빨리 와!

Nǐ kuài lái ya!

我还没吃饭哪。 나 아직 밥 안 먹었어.

Wǒ hái méi chīfàn na.

회화 2

12-4

李东民：你能吃辣的吗？
Nǐ néng chī là de ma?

王大杰：没问题。
Méi wèntí

李东民：咱们今天吃这个吧，‘即席 炒年糕’！
Zánmen jīntiān chī zhège ba, jíxí chǎoniángāo'!

王大杰：这个我听说过！一直都想尝一尝。
Zhège wǒ tīngshuō guo! Yìzhí dōu xiǎng cháng yì cháng.

李东民：太好了。这家饭馆儿是这附近最有名的，有时需要等位呢。
Tài hǎole.Zhè jiā fànguǎnr shì zhè fùjìn zuì yǒumíng de,yǒushí xūyào děng wèi ne.

王大杰：我喜欢吃面条，多来一点儿吧。
Wǒ xǐhuan chī miàntiáo, duō lái yìdiǎnr ba.

李东民：好啊，还要什么？想吃什么，就点什么吧。
Hǎo a, hái yào shénme? Xiǎng chī shénme,jiù diǎn shénme ba.

王大杰：那我不客气了。
Nà wǒ bú kèqi le.

회화 1의 학습 포인트

1. 동태조사: 过, 경험의 표시

동태조사 过는 동사 바로 뒤에 붙어서 그 동작을 경험해 본 적이 있음을 나타낸다. 목적어는 过의 뒤에 이어 말한다.

我去过中国。 나는 중국에 가 봤다.
Wǒ qùguo Zhōngguó.

他们都来过我家。 그들 모두 우리 집에 온 적 있어.
Tāmen dōu láiguo wǒ jiā.

경험해 본 적이 없음을 표현하고자 할 경우는 동사 앞에 没(有)를 사용한다.

我没吃过韩国菜。 나는 한국음식을 먹어 본 적이 없다.
Wǒ méi chīguo Hánguó cài.

我没有学过日语。 나는 일본어를 배운 적이 없다.
Wǒ méiyǒu xuéguo Rìyǔ.

日语 Rìyǔ 명 일본어.

2. 구조조사 的(3) : ~(은)ㄴ 것

구조조사 的는 다양한 형식의 수식어가 명사를 꾸며줄 수 있도록 돕는다. 하지만 때로는 뒤의 명사가 없어도 무엇을 가리키는지 맥락을 통해 알 수 있고 혹은 앞에서 먼저 언급되어서 반복해 말할 필요가 없을 때도 있다. 이럴 때는 '~的'의 형식만으로 '~(은)ㄴ 것'이라는 의미를 나타낸다.

A: 这是谁的书? 이건 누구 책이야?
Zhè shì shéi de shū?

B: 是老师的。 선생님 거야.
Shì lǎoshī de.

A: 美式咖啡是你点的吗? 아메리카노 커피는 네가 주문한 것이니?
Měishìkāfēi shì nǐ diǎn de ma?

B: 那不是我点的。 그거 내가 주문한 것 아닌데.
Nà bú shì wǒ diǎn de.

美式咖啡 měishìkāfēi 명 아메리카노.

회화 1의 교체 확장 연습

1.

坐 / 飞机	
⇨ A : 你坐过飞机吗?	A : 너 비행기 타 본 적 있니?
B : 我坐过飞机。	B : 나 비행기 타 봤어.
/ 我没坐过飞机。	/ 나 비행기 타 본 적 없어.

(1) 滑 / 雪

滑雪 huáxuě 통 스키를 타다

⇨ A : ....

B : ....

/ ....

A : ....

B : ....

/ ....

(2) 住 / 北京饭店

北京饭店 Běijīngfàndiàn 고유 베이징호텔

⇨ A : ....

B : ....

/ ....

A : ....

B : ....

/ ....

2.

左边	
⇨ A : 你要吃哪个面包?	A : 너 어느 빵 먹을래?
B : 我要吃左边的。	B : 나 왼쪽 것으로 할래.

(1) 蓝色

颜色 yánsè 명 색깔. 蓝色 lánsè 명 파랑색.

⇨ A : 你喜欢什么颜色的自行车?

B : ....

A : ....

B : ....

(2) 便宜

⇨ A : 你要这个手机吗?

B : 太贵了, ...

A : ....

B : ....

회화 2의 학습 포인트

1. 능원동사(2) : 能

能은 가능의 의미를 나타내는 능원동사이다. 동사구를 목적어로 취해 객관적 상황에 대한 가능 여부를 나타낸다.

明天你能来吗? 내일 너 올 수 있어?
Míngtiān nǐ néng lái ma?

这儿不能照相。이곳에서는 사진을 찍을 수 없습니다.
Zhèr bù néng zhàoxiàng.

능력치가 어느 만큼인지를 설명할 수도 있다.

他能游一千米。그는 1km를 헤엄칠 수 있어.
Tā néng yóu yìqiān mǐ.

我能听懂中文广播。나는 중국어 방송을 알아들을 수 있어.
Wǒ néng tīngdǒng Zhōngwén guǎngbō.

照相 zhàoxiàng 동 사진을 찍다. 游 yóu 동 헤엄치다. 千 qiān 수 천. 米 mǐ 명 미터.
懂 dǒng 동 이해하다. 广播 guǎngbō 명 방송프로그램.

2. 의문을 표시하지 않는 의문사

일반적으로 의문사는 문장을 의문문으로 만들지만 반드시 그런 것은 아니다. 두 개의 절로 구성된 문장의 앞 뒤 절에 모두 동일한 의문사를 사용할 경우 '미확정의 어떤 것'을 가리키는 의미가 된다.

谁知道谁回答。아는 사람이 답하시오.
Shéi zhīdào shéi huídá.

你去哪儿，我就去哪儿。나는 너 가는 데로 갈래.
Nǐ qù nǎr, wǒ jiù qù nǎr.

你想吃什么，就吃什么。너 먹고 싶은 것 먹어.
Nǐ xiǎng chī shénme, jiù chī shénme.

你要多少，我就给多少。 네가 원하는 만큼 줄게.
Nǐ yào duōshao, wǒ jiù gěi duōshao.

回答 huídá 동 대답하다.

회화 2의 교체 확장 연습

1.

这儿 / 抽烟	抽烟 chōuyān 통 담배 피우다.
⇨ A : 这儿能抽烟吗?	A : 이곳에서 담배 피울 수 있나요?
B : 这儿能抽烟。	B : 이곳에서 담배 피울 수 있습니다.
/ 这儿不能抽烟。	/ 이곳에서 담배 피울 수 없습니다.

(1) 你 / 看中文书

⇨ A :　　　　　　A :

B :　　　　　　B :

/　　　　　　/

(2) 明年 / 参加比赛

参加 cānjiā 통 참가하다. 比赛 bǐsài 명 시합.

⇨ A :　　　　　　A :

B :　　　　　　B :

/　　　　　　/

2.

谁，谁	
⇨ A : 晚上谁做饭呢?	A : 저녁에 누가 밥하지?
B : 谁饿，谁就做饭。	B : 배고픈 사람이 밥하기.

(1) 什么，什么

送 sòng 통 선물하다.

A : 今天是他的生日。送什么好呢?　　　　　　A :

⇨ B :　　　　　　B :

(2) 多少，多少

葡萄 pútao 명 포도.

A : 妈妈，要买多少葡萄?　　　　　　A :

⇨ B :　　　　　　B :

그림 보고 답하기 1

去 / 北京

A：你去过北京吗?

B：我去过北京。

(1) 打 / 乒乓球

A：

B：

乒乓球 pīngpāngqiú 명 탁구.

(2) 包 / 饺子

A：

B：

包 bāo 동 싸다. 饺子 jiǎozi 명 만두.

그림 보고 답하기 2

他 / 吃巧克力

A：他能吃巧克力吗?

B：他不能吃巧克力。

巧克力 qiǎokèli 명 초코렛.

(1) 这儿 / 游泳

A：

B：

游泳 yóuyǒng 동 수영하다.

(2) 你 / 喝白酒

A：

B：

白酒 báijiǔ 명 고량주.

연습 문제

1. 녹음을 듣고 대화와 어울리는 사진을 고르시오. 12-5

(1) ① 

② 
③ 

(2) ① 
② 
③ 

2. 녹음을 듣고 묻는 말에 답하시오. 12-6

(1) ....

(2) ....

(3) ....

(4) ....

연습 문제

학과 : 학번 : 이름 :

3. 병음을 보고 발음해 보시오.

(1) Búyòngle!

(2) Jīntiān wǒ qǐngkè.

(3) Wǒ fēicháng xǐhuan chī Hánguó cài.

(4) Nǐ néng chī là de ma?

(5) Wǒ xǐhuan chī miàntiáo.

(6) Xiǎng chī shénme, jiù diǎn shénme ba.

4. 병음에 해당하는 한자를 쓰시오.

(1) yǒumíng

(2) fànguǎnr

(3) 已经(xí)惯了吗?

(4) 那我不(kè)气了。

5. 단어들을 재배치하여 문장을 완성하시오.

(1) 吃 喜欢 我 面条 。

(2) 哪些 过 吃 你 ?

글자	병음		
些	xiē	些	些
鸡	jī	鸡	鸡
推	tuī	推	推
特	tè	特	特
饭	fàn	饭	饭
能	néng	能	能
辣	là	辣	辣
年	nián	年	年
尝	cháng	尝	尝
需	xū	需	需

중국의 4대 요리 계파

중국은 다양한 음식으로 유명한 나라이다. 면적이 넓다보니 자연스레 지역별로 기후, 지리, 역사, 자원에 따라 각기 다른 음식문화를 형성하게 되고 유구한 역사를 거쳐 오면서 확고한 스타일을 확립한 경우도 있다. 대표적으로 산둥요리鲁菜, 쓰촨요리川菜, 광뚱요리粵菜, 화이양요리淮扬菜 등이 꼽힌다.

▷ 산둥요리

황허黃河 하류 지역에 위치하고 기후가 온화한 산둥은 지역 내에 큰 강과 호수, 구릉과 평원, 바다에 이르기까지 여러 지형이 공존하고 있어 식재료가 다양하고 풍부하다. 탕으로 유명한 지난요리濟南菜, 신선한 해산물이 풍부한 쟈오둥요리膠東菜, 정교한 조리법과 복잡한 과정으로 이름난 쿵푸요리孔府菜로 나뉜다.

▷ 쓰촨요리

중국 서부 윈난雲南, 쓰촨四川 등지를 중심으로 한 요리이다. 내륙에 위치해 있어 식재료가 풍부하지는 않지만, 가정식에서 흔히 사용되는 재료를 사용해 다양한 맛과 형태를 추구하는 방향으로 발전했다. 덥고 추운 기후 때문에 매운 음식이 발달했는데, 매콤한 음식을 좋아하는 한국인 입맛에도 잘 맞는다. 우리에게는 중국식 샤브샤브인 훠궈火锅와 마파두부 등이 잘 알려져 있다.

▷ 광둥요리

광쩌우廣州, 챠오쩌우潮州, 커지야客家의 요리를 말한다. 하나의 요리 계파로 인정받은 역사는 길지 않지만 세계적인 파급력은 가장 커서 세계 여러 나라에서 유명한 중국음식점은 대부분 광둥요리 전문점이다. '광둥사람들은 하늘을 나는 것 중에는 비행기, 네 발 달린 것 중에는 책상 빼고는 무엇이든 먹는다.'는 말이 있을 정도니 광둥요리에 사용되는 재료가 얼마나 풍부할지, 또 얼마나 많은 조리법이 사용될지 상상해볼 수 있다.

▷ 화이양요리

'천당'에 비유되는 쑤쩌우蘇州, 운하의 도시 화이안淮安, 역사가들이 부자 도시라고 감탄하는 양쩌우揚州의 요리를 말한다. 정교한 칼 솜씨와 섬세한 불 조절을 바탕으로 엄선된 원재료의 맛을 살린 요리로 잘 알려져 있다. 주재료는 해산물이 많이 쓰이는데 신선함을 중요시 하고 맛은 약간 달달한 것이 특징이다. 양쩌우볶음밥揚州炒饭은 볶음밥의 대명사처럼 쓰이기도 한다.

第十三课

我的爱好是看电视。

새 낱말

13-1·2

회화 1

干 gàn 동 하다.

电视 diànshì 명 텔레비전

韩剧 Hánjù 명 한국 드라마. '韩国电视剧'의 준말.

会 huì 동 (배워서)~를 할 수 있다.

韩语 Hányǔ 명 한국어.

了解 liǎojiě 동 이해하다.

文化 wénhuà 명 문화.

《来自星星的你》 láizì xīngxing de nǐ 명 〈별에서 온 그대〉의 중국 제목.

好几 hǎojǐ 수 여러. 몇.(많음을 강조)

遍 biàn 양 번. 차례.

一定 yídìng 부 반드시. 분명.

那还用说 nàháiyòngshuō 말할 필요도 없지!

今晚 jīnwǎn 명 오늘 밤.

炸鸡 zhájī 명 닭튀김.

啤酒 píjiǔ 명 맥주.

회화 2

足球 zúqiú 명 축구.

好玩儿 hǎowánr 형 재미있다.

以为 yǐwéi 동 ~인줄 알다. ~라고 생각하다. (사실은 그렇지 않음을 표시)

球迷 qiúmí 명 축구팬.

球赛 qiúsài 명 구기 경기.

但 dàn 접 하지만. 그렇지만.

爱好 àihào 명 취미.

游戏 yóuxì 명 놀이. 게임.

饼干 bǐnggān 명 과자.

학습 포인트

회화 1

부사 在 : 동작의 진행

⇨ 我在看电视。

동량사 : 遍

⇨ 那本书，我看了三遍。

회화 2

동태조사 着(1) : 상태의 지속

⇨ 外面下着雨。

동태조사 着(2) : 두 동작의 동시 진행

⇨ 我吃着饼干玩儿游戏。

회화 1

13-3

姜水晶 : 你干什么呢?
Nǐ gàn shénme ne?

张小明 : 我在学习呢。
Wǒ zài xuéxí ne.

姜水晶 : 你不是在看电视吗?
Nǐ bú shì zài kàn diànshì ma?

张小明 : 看韩剧，能学会韩语，也能了解韩国的文化。
Kàn Hánjù, néng xuéhuì Hányǔ, yě néng liǎojiě Hánguó de wénhuà.

姜水晶 : 你最喜欢的韩剧是什么?
Nǐ zuì xǐhuan de Hánjù shì shénme?

张小明 : 《来自星星的你》! 我已经看了好几遍了!
'Láizì xīngxing de nǐ'! Wǒ yǐjīng kànle hǎojǐ biàn le.

姜水晶 : 那你一定懂得不少韩国文化呀!
Nà nǐ yídìng dǒngde bùshǎo Hánguó wénhuà ya!

张小明 : 那还用说! 今晚来个炸鸡和啤酒吧!
Nà hái yòng shuō! Jīnwǎn lái ge zhájī hé píjiǔ ba!

회화 2

13-4

王大杰：你怎么不去运动？
Nǐ zěnme bú qù yùndòng?

李东民：外面下着雨呢！今天不能踢足球。
Wàimiàn xiàzhe yǔ ne! Jīntiān bù néng tī zúqiú.

王大杰：踢球好玩儿吗？我不喜欢运动。
Tī qiú hǎowánr ma? Wǒ bù xǐhuan yùndòng.

李东民：我以为你是个球迷呢！
Wǒ yǐwéi nǐ shì ge qiúmí ne!

王大杰：对啊！我非常喜欢看球赛，但不喜欢踢球！
Duì a! Wǒ fēicháng xǐhuan kàn qiúsài,dàn bù xǐhuan tī qiú!

李东民：你还有什么爱好？
Nǐ hái yǒu shénme àihào?

王大杰：我喜欢玩儿电脑游戏。
Wǒ xǐhuan wánr diànnǎo yóuxì.

李东民：咱们吃着饼干玩儿足球游戏吧！
Zánmen chīzhe bǐnggān wánr zúqiú yóuxì ba!

회화 1의 학습 포인트

1. 부사 在 : 동작의 진행

在는 동사, 개사, 부사 등 여러 가지 용법으로 사용되는데 기본적으로 '있다'는 의미를 바탕으로 한다. 부사 在는 동사구 앞에서 '어떤 동작을 하는 중에 있음'을 나타낸다.

주어+在+동사 술어(목적어)

妈妈在洗衣服。엄마는 빨래하고 있다.
Māma zài xǐ yīfú.

我们在上课。우리는 수업하고 있다.
Wǒmen zài shàng kè

洗 xǐ 동 씻다. 빨다.

2. 동량사 : 遍

사물뿐만 아니라 동작이 이루어진 횟수를 셀 때에도 양사를 사용하는데 이를 동량사라고 한다. 동량사 遍은 과정이 있는 동작을 셀 때 사용하는데, 시작해서 끝까지 마쳤을 때를 '한 번'이라고 할 수 있는 동작이다.

对不起，请再说一遍。죄송합니다. 다시 한 번 말씀해 주세요.
Duìbuqǐ, qǐng zài shuō yí biàn.

那个电影，我看了三遍。이 영화, 나는 세 번 봤어.
Nà ge diànyǐng,wǒ kànle sān biàn

이 외에도 상용되는 동량사로 단순 횟수를 세는 次cì가 있다.

我去过两次欧洲。나는 유럽에 두 번 가 봤다.
Wǒ qùguo liǎng cì Ōuzhōu.

我坐过一次飞机。나는 비행기를 한 번 타 봤다.
Wǒ zuòguo yí cì fēijī.

请 qǐng 동 청하다. 부탁하다. 次 cì 양 번. 회.
欧洲 Ōuzhōu 명 유럽.

회화 1의 교체 확장 연습

1.

写 / 作业	
⇨ A : 他在干什么呢?	A : 그는 뭐하고 있나요?
B : 他在写作业呢。	B : 그는 숙제하는 중입니다.

(1) 画 / 画儿

⇨ A : 他在干什么呢? A : ....

B : .... B : ....

画 huà 동 그리다. 画儿 huàr 명 그림.

(2) 洗 / 碗

⇨ A : 他在干什么呢? A : ....

B : .... B : ....

碗 wǎn 명 그릇.

2.

A : 你看了这本书吗?	A : 너 이 책 봤니?
⇨ B : 看了，我已经看了两遍。	B : 봤어. 나 벌써 두 번 봤어.

(1) A : 你跟他说了吗? A : ....

⇨ B : 说了，.......... B : ....

(2) A : 你吃过烤鸭吗? A : ....

⇨ B : 吃过，.......... B : ....

烤鸭 kǎoyā 명 오리구이.

회화 2의 학습 포인트

1. 동태조사 着(1) : 상태의 지속

동태조사 着는 동사 바로 뒤에 붙어서 어떤 상태가 지속되거나 동작이 진행 중임을 나타낸다. 목적어가 있을 경우 그 뒤에 붙인다.

孩子们笑着。아이들이 웃고 있다.
Háizimen xiàozhe

我们听着老师的话。우리는 선생님의 말씀을 듣고 있다.
Wǒmen tīngzhe lǎoshī de huà

부사 正zhèng, 在zài, 正在zhèngzài나 어기조사 呢가 함께 쓰이기도 한다.

他正说着话呢。그가 한창 이야기 중이야.
Tā zhèng shuōzhe huà ne!

我正在打着电话呢。나 통화중이잖아.
Wǒ zhèngzài dǎzhe diànhuà ne.

부정형은 没(有)를 동사술어 앞에 붙여 나타낸다.

笑 xiào 동 웃다. 听 tīng 동 듣다. zhèng 부 마침.
正在 zhèngzài 부 한창~하고 있다. 电话 diànhuà 명 전화.

2. 동태조사 着(2) : 두 동작의 동시 진행

어떤 동작을 하면서 동시에 다른 동작을 진행한다는 의미를 나타낸다.

주어+동사술어1+着+(목적어1)+동사술어2+(목적어2)

我爸爸经常坐着工作。우리 아빠는 항상 앉아서 일하셔.
Wǒ bàba jīngcháng zuòzhe gōngzuò.

老师站着说话。선생님이 서서 말씀하신다.
Lǎoshī zhànzhe shuō huà.

我常常看着电视吃饭。나는 자주 TV 보면서 밥 먹는다.
Wǒ chángchang kànzhe diànshì chī fàn.

经常 jīngcháng 부 늘. 항상. 站 zhàn 동 서다. 常常 chángchang 부 항상. 자주.

회화 2의 교체 확장 연습

1. 他 / 坐

⇨ A : 他坐着吗? — A : 그는 앉아 있나요?

B : 他坐着。 — B : 그는 앉아 있습니다.

/ 他没坐着。 — / 그는 앉아 있지 않습니다.

(1) 窗户 / 开

窗户 chuānghu 명 창문. 开 kāi 동 열다.

⇨ A : ______ A : ______

B : ______ B : ______

/ ______ / ______

(2) 妈妈 / 抱, 孩子

抱 bào 동 안다.

⇨ A : ______ A : ______

B : ______ B : ______

/ ______ / ______

(3) 同学们 / 等, 老师

⇨ A : ______ A : ______

B : ______ B : ______

/ ______ / ______

2. 看, 电视 / 写, 作业

⇨ 我看着电视写作业。 — 나는 텔레비전을 보면서 숙제를 한다.

(1) 站 / 看, 棒球比赛

棒球 bàngqiú 동 야구.

⇨ ______ ______

(2) 喝, 茶 / 聊天儿

聊天儿 liáotiānr 동 한담하다. 수다 떨다.

⇨ ______ ______

(3) 听, 音乐 / 跑步

音乐 yīnyuè 명 음악. 跑步 pǎobù 동 달리다.

⇨ ______ ______

그림 보고 답하기 1

A：他在干什么呢?

B：他在打电话呢。

(1)

A：他们在干什么呢?

B：

网球 wǎngqiú 명 테니스.

(2)

A：他在干什么呢?

B：

그림 보고 답하기 2

A：门开着吗?

B：没有，门关着。

关 guān 동 닫다. 끄다.

(1)

A：宝宝坐着吗?

B：

宝宝 bǎobao 명 아기. 躺 tǎng 동 눕다.

(2)

A：那个歌星站着唱歌吗?

B：

歌星 gēxīng 명 유명가수.

연습 문제

1. 녹음을 듣고 대화와 어울리는 사진을 고르시오. 13-5

(1) ①  ②  ③ 

(2) ①  ②  ③ 

2. 녹음을 듣고 묻는 말에 답하시오. 13-6

(1) ....

(2) ....

(3) ....

(4) ....

연습 문제

학과 : 학번 : 이름 :

3. 병음을 보고 발음해 보시오.

(1) Nǐ gàn shénme ne?

(2) Wǒ zài xuéxí ne.

(3) Nà hái yòng shuō!

(4) Wàimiàn xiàzhe yǔ ne!

(5) Wǒ fēicháng xǐhuan kàn qiúsài!

(6) Wǒ xǐhuan wánr diànnǎo yóuxì.

4. 병음에 해당하는 한자를 쓰시오.

(1) diànshì

(2) yùndòng

(3) 看韩剧，(néng)学会韩语。

(4) 你有什么爱(hào)?

5. 단어들을 재배치하여 문장을 완성하시오.

(1) 呢 我 学习 在 。

(2) 不能 踢 今天 足球 。

电 diàn	丨 冂 日 日 电
解 jiě	丿 ⺈ ⺈ 角 角 角 角 角' 角' 角' 解 解 解
遍 biàn	丶 亠 亠 户 户 肩 肩 扁 扁 遍 遍 遍
炸 zhá	丶 丷 ⺈ 火 火 炸 炸 炸 炸
啤 pí	丨 口 口 口' 口' 叫 咱 咱 啤 啤 啤
着 zhe	丶 丷 䒑 兰 兰 差 差 着 着 着 着
踢 tī	丨 口 口 早 早 足 足 趴 趴 踢 踢 踢 踢 踢 踢
为 wéi	丶 丿 力 为
爱 ài	一 ⺈ ⺈ 爫 爫 爫 爫 爰 爱 爱
戏 xì	乛 又 又 戏 戏 戏

우리가 만든, 중국인이 사랑한 드라마!

또 오해영 vs. 又是吴海英
Yòu shì Wúhǎiyīng

태양의 후예 vs. 太阳的后裔
Tàiyáng de hòuyì

시그널 vs. 信号 Xìnhào

치즈 인더트랩 vs. 奶酪陷阱
Nǎilàoxiànjǐng

응답하라1988 vs. 请回答1988
Qǐng huídá 1988

육룡이 나르샤 vs. 六龙飞天
Liùlóngfēitiān

피노키오 vs. 匹诺曹 Pǐnuòcáo

상속자들 vs. 继承者们
Jìchéngzhěmen

第十四课

你打算做什么？

새 낱말

14-1·2

회화 1

周末 zhōumò [명] 주말.

打算 dǎsuan [명][동] 계획(하다).

周 zhōu [명] 주.

得 de [조] 술어와 보어를 잇는 조사.

挺 tǐng [부] 매우. 대단히.

好好儿 hǎohāor [부] 잘. 충분히.

高中 gāozhōng [명] 고등학교.

见面 jiàn miàn [동] 만나다.

还是 háishi [접] 선택의문문의 접속사.

免费 miǎnfèi [동] 무료로 하다.

辅导 fǔdǎo [동] (학습을) 도와 지도하다.

介绍 jièshào [명][동] 소개(하다). 설명(하다).

哈 hā [의성] 웃는 소리(중복하여 사용).

회화 2

快要 kuàiyào [부] 곧. 머지않아.

毕业 bì yè [동] 졸업하다.

以后 yǐhòu [명] 이후. 나중.

计划 jìhuà [명][동] 계획(하다).

贸易 màoyì [명] 무역.

专业 zhuānyè [명] 전공. [형]전문적인.

公司 gōngsī [명] 회사.

当 dāng [동] 맡다. ~이 되다.

老板 lǎobǎn [명] 사장.

祝 zhù [동] 기원하다. 축하하다.

美梦成真 měimèng chéng zhēn 소망이 실제로 이루어지다.

학습 포인트

회화 1

정도보어 : 동작에 대한 평가

⇨ 老师说得很快。

⇨ 这一周我过得挺忙的。

의문문 (4) : 선택의문문

⇨ 你要这个还是(要)那个?

⇨ 你是韩国人还是中国人(还是日本人)?

회화 2

임박한 상황 : 要~了

⇨ 我要回国了。

⇨ 我快要回国了。

⇨ 下个月我就要回国了。

임박한 시간 : 快~了

⇨ 快要毕业了。

⇨ 快毕业了。

회화 1

14-3

李东民 : 周末你打算做什么?
Zhōumò nǐ dǎsuan zuò shénme?

王大杰 : 这一周我过得挺忙的。我要好好儿休息一下。你呢?
Zhè yì zhōu wǒ guòde tǐng máng de. Wǒ yào hǎohāor xiūxi yíxià. Nǐ ne?

李东民 : 我打算跟高中同学见面。
Wǒ dǎsuan gēn gāozhōng tóngxué jiàn miàn.

王大杰 : 是男的还是女的?
Shì nán de háishi nǚ de?

李东民 : 是女的，她也正在学习汉语。
Shì nǚ de, tā yě zhèngzài xuéxí Hànyǔ.

王大杰 : 我想做免费辅导，介绍给我认识一下。
Wǒ xiǎng zuò miǎnfèi fǔdǎo,jièshào gěi wǒ rènshi yíxià.

李东民 : 哈哈哈!
Hāhāhā

회화 2

14-4

王大杰：下个月我就要回国了。
Xià ge yuè wǒ jiù yào huí guó le.

姜水晶：时间过得真快！
Shíjiān guòde zhēn kuài!

王大杰：你快要毕业了。大学毕业以后有什么计划？
Nǐ kuàiyào bìyè le. Dàxué bìyè yǐhòu yǒu shénme jìhuà?

姜水晶：我是学贸易专业的，想在贸易公司工作。你呢？
Wǒ shì xué màoyì zhuānyè de, xiǎng zài màoyì gōngsī gōngzuò. Nǐ ne?

王大杰：我想开公司，当老板。
Wǒ xiǎng kāi gōngsī, dāng lǎobǎn.

姜水晶：祝你美梦成真！
Zhù nǐ měimèng chéng zhēn!

王大杰：谢谢！
Xièxie!

회화 1의 학습 포인트

1. 정도보어 : 동작에 대한 평가

주체의 동작에 대해서 평가하거나 설명할 경우가 있는데 그 내용이 정도보어에 해당한다. 보어로 자주 쓰이는 형식은 형용사 술어문과 유사하다.

주어+동사 술어+得+보어

最近他过得很忙。 요즘 그는 바쁘게 지낸다.
Zuìjìn tā guòde hěn máng.

最近他过得挺愉快的。 요즘 그는 즐겁게 지낸다.
Zuìjìn tā guòde tǐng yúkuài de.

동사의 목적어가 있을 경우에는 '주어+(동사)목적어+동사得보어' 형식이 된다.

他(说)汉语说得太快了。 그는 중국어 말하는 게 너무 빠르다.
Tā (shuō)Hànyǔ shuōde tài kuài le.

我踢球踢得不太好。 나는 공차기를 잘 하지 못 한다.
Wǒ tī qiú tīde bú tài hǎo.

最近 zuìjìn 명 최근. 요즘. 愉快 yúkuài 형 유쾌하다. 즐겁다.

2. 의문문(4) : 선택의문문, A还是B(还是C)?

의문사나 어기조사 대신 접속사 还是로 A와 B의 두 가지 혹은 그 이상의 선택지를 연결하고 어떤 것을 선택할 것인지 묻는 의문문이다.

你要这个还是(要)那个? 너 이것을 원하니, 저것을 원하니?
Nǐ yào zhège háishi (yào) nàge?

你是韩国人还是中国人(还是日本人)? 너는 한국인이니, 중국인이니(아니면 일본인이니)?
Nǐ shì Hánguó rén háishi Zhōngguó rén(háishi Rìběn rén)?

咱们三点出发还是四点出发? 우리 세 시에 출발해, 네 시에 출발해?
Zánmen sān diǎn chūfā háishi sì diǎn chūfā?

出发 chūfā 동 출발하다.

회화 1의 교체 확장 연습

1. 吃 / 多

⇨ A : 他吃得怎么样?　　A : 그는 먹는 게 어때?

B : 他吃得很多。　　B : 그는 많이 먹어.

(1) 说 / 流利　　流利 liúlì 형 유창하다.

⇨ A :　　A :

B :　　B :

(2) 跑 / 快　　跑 pǎo 동 달리다.

⇨ A :　　A :

B :　　B :

2. 吃面包 / 吃饺子

⇨ A : 你吃面包还是吃饺子?　　A : 너 빵 먹을래, 만두 먹을래?

B : 我吃面包。　　B : 난 빵 먹을래.

(1) 喝可乐 / 喝果汁　　果汁 guǒzhī 명 과일 주스.

⇨ A :　　A :

B :　　B :

(2) 在学校见 / 在地铁站见

⇨ A :　　A :

B :　　B :

회화 2의 학습 포인트

1. 임박한 상황: 要~了

要~了 형식에서의 了는 완료된 상황이 아닌 '곧 일어날 상황'을 나타낸다.

要下雨了。 비가 오려고 한다.
Yào xià yǔ le.

我们要出发了。 우리 곧 출발할 거야.
Wǒmen yào chūfā le

快要나 就要의 형식이 되면 조금 더 급박한 느낌을 더할 수 있다.

花快要开了。 꽃이 곧 피어날 것이다.
Huā kuàiyào kāi le

天就要黑了。 날이 곧 어두워진다.
Tiān jiù yào hēi le.

花 huā 명 꽃. 天 tiān 명 날. 날씨. 黑 hēi 형 까맣다. 어둡다.

상황이 벌어질 시점이 특정된 경우에는 부사 就만 사용할 수 있다.

明天就要回国了。 내일이면 귀국한다.
Míngtiān jiù yào huí guó le

她下个月就要结婚了。 그녀는 다음 달이면 결혼한다.
Tā xià ge yuè jiù yào jiéhūn le.

일어날 상황이 '시간' 개념인 경우에는 '快~了' 형식으로 대신하기도 한다.

快四点了。 곧 네 시이다.
Kuài sì diǎn le.

快考试了。 곧 시험(기간)이다.
Kuài kǎoshì le.

结婚 jié hūn 동 결혼하다.

회화 2의 교체 확장 연습

1. 他 / 来

⇨ A : 他来了吗?　　A : 그 사람 왔어요?

B : 快要来了。　　B : 곧 올 거예요.

(1) 她 / 生孩子

生 shēng 동 낳다. 태어나다.

⇨ A :　　A :

B :　　B :

(2) 飞机 / 起飞

起飞 qǐfēi 동 이륙하다.

⇨ A :　　A :

B :　　B :

2. 上大学 / 明年

⇨ A : 他上大学了吗?　　A : 그는 대학에 들어갔나요?

B : 明年就要上大学了。　　B : 내년이면 대학에 가요.

(1) 下班 / 六点

下班 xiàbān 동 퇴근하다.

⇨ A :　　A :

B :　　B :

(2) 吃饭 / 马上

马上 mǎshàng 부 곧. 즉시.

⇨ A :　　A :

B :　　B :

그림 보고 답하기 1

A：他起得早吗?

B：他起得特别早。

起 qǐ 통 일어나다. 早 zǎo 형 이르다.

(1)

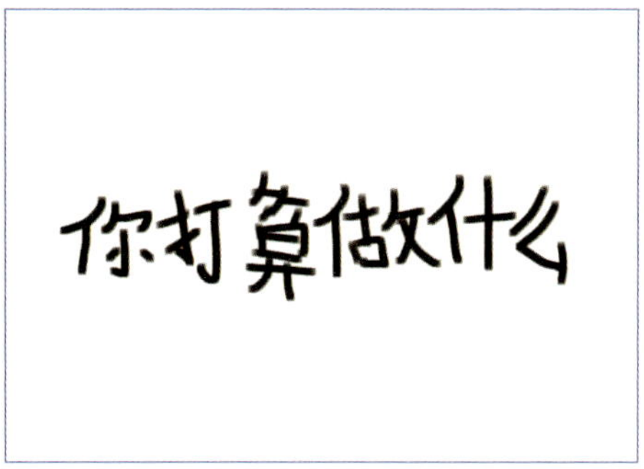

A：他写得整齐吗?

B：

整齐 zhěngqí 형 반듯하다. 가지런하다.

(2)

A：房间收拾得干净吗?

B：

收拾 shōushi 통 정리하다. 치우다.

그림 보고 답하기 2

A：春天来了吗?

B：春天快要来了。

春天 chūntiān 명 봄.

(1)

2016
6月

星期日	星期一	星期二	星期三	星期四	星期五	星期六
			1	2	3	4
5	6	7	8	9	10	11
12	13	14	15	16	17	18
19	20	今天 21	22	23	放暑假 24	25
26	27	28	29	30		

A：你们放暑假了吗?

B：

放暑假 fàng shǔjià 여름방학하다.

(2)

A：电影开始了吗?

B：

开始 kāishǐ 동 시작하다.

연습 문제

1. 녹음을 듣고 대화와 어울리는 사진을 고르시오. 14-5

(1) ①  ②  ③ 

(2) ① 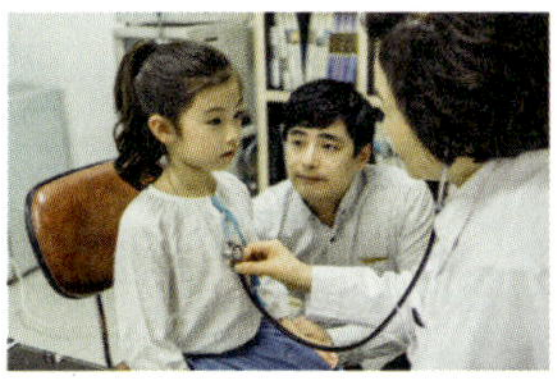 ②  ③ 

2. 녹음을 듣고 묻는 말에 답하시오. 14-6

(1) ....

(2) ....

(3) ....

(4) ....

연습 문제

학과 : 　　　　　　　　　　학번 : 　　　　　　　　　　이름 :

3. 병음을 보고 발음해 보시오.

(1) Nǐ dǎsuan zuò shénme?

(2) Wǒ guòde tǐng máng de.

(3) Jièshào gěi wǒ rènshi yíxià.

(4) Xià gè yuè wǒ jiù yào huí guó le.

(5) Dàxué bìyè yǐhòu, yǒu shénme jìhuà?

(6) Zhù nǐ měimèng chéng zhēn!

4. 병음에 해당하는 한자를 쓰시오.

(1) jiàn miàn

(2) shíjiān

(3) 我要好好儿(xiū　　)息一下。

(4) 我想在贸易(gōng　　)司工作。

5. 단어들을 재배치하여 문장을 완성하시오.

(1) 跟高中同学　我　见面　打算　。

(2) 过得　快　时间　真　!

算 suàn	丿 𠂉 𠂉 ⺮ 竹 笞 笞 笪 笪 笪 算 算 算
挺 tǐng	一 十 扌 扌 扌 扞 扞 挺 挺
免 miǎn	丿 ⺈ ⺈ 色 色 免 免
导 dǎo	㇆ ⺕ 巳 巳 导 导
业 yè	丨 刂 ⺌ 业 业
专 zhuān	一 二 专 专
当 dāng	丨 丬 ⺌ 当 当 当
美 měi	丶 丷 䒑 兰 兰 羊 羊 美 美
梦 mèng	一 十 才 木 林 林 梦 梦
成 chéng	一 厂 厂 成 成 成

이럴 땐 이런 표현!

"잘 먹겠습니다! "

중국인과 함께 식사하거나 식사 대접을 받게 될 경우, 습관적으로 감사 인사를 하고 싶어진다. 하지만, 중국에서는 '잘 먹겠습니다!'라는 인사를 하지 않는다. 꼭 해야겠다면 식사를 시작하겠다는 의미로 "我要开动(kāidòng)了。", "我要吃了。" 정도의 말을 할 수 있다. 식사를 마치고 난 후에는, "我吃好了。"라고 할 수 있다.

"그럼 이만...."

중국인에게 전화로, 혹은 대면하고서 손짓발짓 섞어가며 어렵사리 용건은 모두 이야기했는데, 용무가 끝났음을 어떻게 표현해야 하지? 앞뒤 없이 "再见!"이라고 하면 되나....?
그럴 때는 "好, 就这样吧。"라고 하면 된다.

연습 문제 정답

제1과

3. (1) í ǔ ō è
   (2) ā ǖ é ǒ
   (3) ù á í ǜ
   (4) ǒ ē à ǐ

5. (1) ③ (2) ② (3) ④

제2과

5. (1) ① (2) ③ (3) ③ (4) ②

제3과

5. (1) ① (2) ③ (3) ②

제4과

회화 1의 교체 확장 연습

1. (1) 你们好! 얘들아 안녕!
   (2) 老师好! 선생님 안녕하세요!
   (3) 大家好! 여러분 안녕하세요!
   (4) 早上好! 안녕!(아침 인사)

2. (1) 明天见! 내일 만나!
   (2) 晚上见! 저녁에 만나!
   (3) 一会儿见! 조금 이따가 만나!
   (4) 改天见! 다른 날 만나!

회화 2의 교체 확장 연습

1. (1) A: 老师好吗? 선생님 잘 지내시나요?
       B: 我很好。 난 잘 지낸단다.
   (2) A: 奶奶好吗? 할머니 잘 지내셨어요?
       B: 我很好。 나 잘 지냈어.
   (3) A: 你姐姐好吗? 너희 언니(누나)는 잘 지내시니?
       B: 我姐姐(她)很好。 우리 언니(그녀)는 잘 지내.
2. (1) A: 你困吗? 너는 졸리니?
       B: 我很困。 나는 졸려.
       / 我不困。 나는 졸리지 않아요.

(2) A: 你饿吗？ 너는 배고프니?
B: 我很饿。 나는 배고파.
/ 我不饿。 나는 배고프지 않아요.
(3) A: 你渴吗？ 너는 목마르니?
B: 我很渴。 나는 목말라.
/ 我不渴。 나는 목마르지 않아요.

그림 보고 답하기 1

(1) 你好!　　(2) 不客气。　　(3) 再见!

그림 보고 답하기 2

(1) 你爸爸呢?(你爸爸好吗?)
(2) 我爷爷很好。
(3) 你妹妹好吗?/她也不好。(她很好。)

연습 문제

1. (1) ③　　(2) ①
4. (1) 谢谢　　(2) 再见　　(3) 你好　　(4) 见　　(5) 对

제5과

회화 1의 교체 확장 연습

1. (1) A: 她叫什么名字？ 그녀 이름은 무엇입니까?
B: 她叫汤唯。 그녀는 탕웨이라고 합니다.
(2) A: 你叫什么名字？ 당신 이름은 무엇입니까?
B: 我叫张小明。 나는 장샤오밍이라고 합니다.
2. (1) A: 你是老师吗？ 당신은 선생님입니까?
B: 我是老师。 나는 선생님입니다.
/ 我不是老师，是医生。 나는 선생님이 아니고, 의사입니다.
(2) A: 她是你的女朋友吗？ 그녀는 당신의 여자 친구입니까?
B: 她是我的女朋友。 그녀는 나의 여자 친구입니다.
/ 她不是我的女朋友，是我的妹妹。 그녀는 나의 여자 친구가 아니고, 나의 여동생입니다.
(3) A: 这是词典吗？ 이것은 사전입니까?
B: 这是词典。 이것은 사전입니다.
/ 这不是词典，是本子。 이것은 사전이 아니고, 책입니다.

회화 2의 교체 확장 연습

1. (1) A: 那是他的手机吗？ 저것은 그의 핸드폰입니까?

B: 那是他的手机。 저것은 그의 핸드폰입니다.

(2) A: 那是她的皮鞋吗? 저것은 그녀의 구두입니까?

B: 那是她的皮鞋。 저것은 그녀의 구두입니다.

2. (1) A: 他是谁? 그는 누구입니까?

B: 他是我的同事。 그는 나의 동료입니다.

(2) A: 他是谁? 그는 누구입니까?

B: 他是我的经理。 그는 나의 사장입니다.

3. (1) A: 那是什么? 저것은 무엇입니까?

B: 那是地图。 저것은 지도입니다.

(2) A: 这是什么? 이것은 무엇입니까?

B: 这是书包。 이것은 책가방입니다.

그림 보고 답하기 1

(1) 他叫王大杰。

(2) 她叫什么名字?

(3) A: 他叫什么名字?

B: 他叫李东民。

그림 보고 답하기 2

(1) 他是韩国人。

(2) 我的女朋友是西班牙人。(她是西班牙人。)

(3) 她是哪国人?

(4) A: 他(她/你)是哪国人?

B: 他(她/我)是法国人。

연습 문제

1. (1) ③ (2) ①

4. (1) 认识 (2) 朋友 (3) 漂亮 (4) 什么 (5) 帅/哪

제6과

회화 1의 교체 확장 연습

1. (1) A: 你姐姐在哪儿? 당신 언니(누나)는 어디에 계십니까?

B: 我姐姐在餐厅。 언니는 레스토랑에 계십니다.

(2) A: 他在哪儿? 그는 어디에 있습니까?

B: 他在医院。 그는 병원에 있습니다.

2. (1) A: 你有中国朋友吗? 당신은 중국친구가 있습니까?

A: 你有几个中国朋友? 당신은 중국 친구가 몇 명 있습니까?

B: 我有两个中国朋友。 나는 중국 친구가 두 명 있습니다.

(2) A: 你有铅笔吗? 당신은 연필이 있습니까?

A: 你有几支铅笔? 당신은 연필이 몇 자루 있습니까?

B: 我有一支铅笔。 나는 연필이 한 자루 있습니다.

(3) A: 你有雨伞吗? 당신은 우산이 있습니까?

A: 你有几把雨伞? 당신은 우산이 몇 자루 있습니까?

B: 我有三把雨伞。 나는 우산이 세 자루 있습니다.

회화 2의 교체 확장 연습

1. (1) A: 你妈妈多大年纪? 엄마 연세가 어떻게 되십니까?
   B: 五十岁。 50세입니다.
   (2) A: 你弟弟多大? 당신 남동생은 몇 살 입니까?
   B: 十二岁。 12세입니다.
2. (1) A: 她做什么工作? 그녀는 무슨 일을 합니까?
   B: 她是护士。 그녀는 간호사입니다.
   (2) A: 你哥哥做什么工作? 당신 오빠(형)는 무슨 일을 합니까?
   B: 我哥哥是警察。 우리 오빠(형)는 경찰입니다. (他是警察 °그는 경찰입니다.)
3. (1) A: 你有笔记本电脑吗? 당신은 노트북이 있습니까?
   / 你有没有笔记本电脑? 당신은 노트북이 있습니까, 없습니까?
   (2) A: 你有平跟鞋吗? 당신은 플랫슈즈가 있습니까?
   / 你有没有平跟鞋? 당신은 플랫슈즈가 있습니까, 없습니까?

그림 보고 답하기 1

(1) 我家有四口人。
(2) 我家有六口人，爷爷、奶奶、爸爸、妈妈、妹妹和我。
(3) 我哥哥在电视台。(他在电视台。)
(4) 老师在哪儿?

그림 보고 답하기 2

(1) 我是记者。
(2) A: 做什么工作?
B: 我的女朋友是咖啡师。(她是咖啡师。)
(3 A: 她做什么工作?
B: 她是演员。

연습 문제

1. (1) ② (2) ②
4. (1) 在 (2) 做 (3) 师
5. (1) 她有没有男朋友?
   (2) 我家有三口人。

제7과

회화 1의 교체 확장 연습

1. (1) A: 下星期一几月几号? 다음 주 월요일은 몇 월 며칠인가요?
   B: 下星期一四月十八号。 다음 주 월요일은 4월 18일이에요.
   (2) A: 你的生日几月几号? 당신의 생일은 몇 월 며칠이에요?
   B: 我的生日十一月二十三号。 제 생일은 11월 23일이에요.
2. (1) A: 后天星期几? 모레는 무슨 요일이지요?
   B: 后天星期六。 모레는 토요일이에요.

(2) A: 今年的圣诞节星期几? 올해 크리스마스는 무슨 요일이지요?
B: 今年的圣诞节星期天。 올해 크리스마스는 일요일이에요.

3. (1) A: 后天是星期五吗? 모레가 금요일인가?
B: 后天不是星期五，是星期天。 모레는 금요일이 아니고 일요일이야.

(2) A: 校庆日是星期六吗? 개교기념일이 토요일인가?
B: 校庆日不是星期六，是星期四。 개교기념일은 토요일이 아니고 목요일이야.

회화 2의 교체 확장 연습

1. (1) A: 现在几点几分? 지금 몇 시 몇 분이죠?
B: 现在十点十分。 지금 10시 10분이에요.

(2) A: 现在几点几分几秒? 지금 몇 시 몇 분 몇 초죠?
B: 现在九点十分五十五秒。 지금 9시 10분 55초예요.

2. (1) A: 现在首尔时间几点? 지금 서울 시간으로 몇 시죠?
B: 现在首尔时间差一刻十点。 지금 서울 시간은 10시 15분 전이에요.

(2) A: 现在东京时几点? 지금 도쿄 시간으로 몇 시죠?
B: 现在东京时间晚上十一点。 지금 도쿄 시간은 저녁 11시예요.

그림 보고 답하기 1

(1) 今天五月五号。
(2) 三月十二号星期六。
(3) 三月十五号农历二月七号。

그림 보고 답하기 2

(1) 现在十点十分。
(2) 现在九点一刻。
(3) 现在几点(几分)?

연습 문제

1. (1) ② (2) ③
4. (1) 生日 (2) 首尔 (3) 星 (4) 差
5. (1) 我的生日是农历四月十六号。
(2) 中国也是九点四十五分吗?

제8과

회화 1의 교체 확장 연습

1. (1) A: 你几点刷牙洗脸? 넌 몇 시에 이 닦고 세수하니?
B: 我七点刷牙洗脸。 난 7시에 이 닦고 세수해.

(2) A: 你几点下课? 넌 몇 시에 수업 마치니?
B: 我下午五点五十分下课。 난 오후 5시 50분에 수업 마쳐.

(3) A: 你几点睡觉? 넌 몇 시에 자니?
B: 我晚上十点五十分睡觉。 난 저녁 10시 50분에 자.

2. (1) A: 你什么时候来学校? 넌 언제 학교에 오니?
B: 我每天早上八点来学校。 난 매일 아침 8시에 학교에 와.
(2) A: 你什么时候回中国? 넌 언제 중국으로 돌아가니?
B: 我明年回中国。 난 내년에 중국으로 돌아가.
(3) A: 你什么时候走? 너 언제 가니?
B: 我明天早上六点走。 나 내일 아침 6시에 떠나.

회화 2의 교체 확장 연습

1. (1) A: 你在哪儿上课? 넌 어디에서 수업하니?
B: 我在人文馆五零八号上课。 난 인문관 508호에서 수업해.
(2) A: 你在哪儿上班? 넌 어디에서 일하니?
B: 我在银行上班。 난 은행에 다녀.
(3) A: 你在哪儿看书。 넌 어디에서 책을 보니?
B: 我在栗谷图书馆看书。 난 율곡도서관에서 책을 봐.
2. (1) A: 你下午在哪儿上课? 넌 오후에 어디에서 수업하니?
B: 我下午在人文馆五零八号上课。 난 오후에 인문관 508호에서 수업해.
(2) A: 你现在在哪儿上班? 넌 지금 어디에서 근무하니?
B: 我现在在银行上班。 난 지금 은행에서 근무해.
(3) A: 你昨天在哪儿看书? 넌 어제 어디에서 책 봤니?
B: 我昨天在栗谷图书馆看书。 나 어제 율곡도서관에서 책 봤어.

그림 보고 답하기 1

(1) 今天他六点五十五分起床。
(2) 星期四他十二点有体育课。
(3) 他每天晚上十一点睡觉。

그림 보고 답하기 2

(1) 他星期四在五零八号教室上汉语课。
(2) 她星期五下午在图书馆打工。
(3) 我下午在体育馆打壁球。

연습 문제

1. (1) ① (2) ③
4. (1) 刷牙 (2) 打工 (3) 起 (4) 近
5. (1) 两点三刻去教室。
(2) 星期六晚上有时间。

제9과

회화 1의 교체 확장 연습

1. (1) A: 你考了什么? 넌 무슨 시험 쳤니?
B: 我考了汉语。 나 중국어 시험 쳤어.
(2) A: 你买了什么东西? 넌 뭘 샀니?

B: 我买了一本书。 나 책 한 권 샀어.
(3) A: 你学了第几课? 너 몇 과 배웠니?
B: 我学了第八课。 나 8과 배웠어.

2. (1) A: 他睡了几个小时? 그는 몇 시간을 잤나요?
B: 他睡了五个小时。 그는 5시간 잤어요.
(2) A: 他走了几天? 그는 며칠을 걸었나요?
B: 他走了三天。 그는 3일 걸었어요.
(3) A: 他吃了几个小时? 그는 몇 시간 동안 먹었나요?
B: 他吃了两个小时。 그는 두 시간 동안 먹었어요.

회화 2의 교체 확장 연습

1. (1) A: 他走到哪儿了? 그는 어디까지 걸었나요?
B: 他走到竹田站了。 그는 죽전역까지 걸었어요.
(2) A: 他学到哪儿了? 그는 어디까지 배웠나요?
B: 他学到第八课了。 그는 8과까지 배웠어요.
(3) A: 他说到哪儿了? 그는 어디까지 말했나요?
B: 他说到第四句了。 그는 네 번째 문장까지 말했어요.

2. (1) A: 你复习好了什么? 넌 무엇을 공부했니?
B: 我复习好了汉语考试。 난 중국어 시험 공부했어.
(2) A: 你看完了哪本小说? 넌 어떤 소설책을 다 봤니?
B: 我看完了那本小说。 난 저 소설책을 다 봤어.
(3) A: 你考上了哪所大学? 넌 어느 대학에 합격했니?
B: 我考上了檀国大学。 난 단국대학에 합격했어.

그림 보고 답하기 1

(1) 这学期你选了几门课?
(2) 她取消了几门课?
(3) 星期四他上四个小时。

그림 보고 답하기 2

(1) 昨天晚上他复习到两点。
(2) 星期一他考完了两门课。

연습 문제

1. (1) ② (2) ①
4. (1) 问题 (2) 祝你好运! (3) 概 (4) 围
5. (1) 我考虑取消一门课。
(2) 我们加油吧!

제10과

회화 1의 교체 확장 연습

1. (1) A: 没有地铁怎么办? 지하철이 없으면 어떻게 하죠?
   B: 那你坐公共汽车。 그럼, 버스를 이용하세요.
   (2) A: 没有飞机怎么办? 비행기가 없으면 어떻게 하죠?
   B: 那你坐巴士。 그럼 버스를 이용하세요.
   (3) A: 没有公共汽车怎么办? 버스가 없으면 어떻게 하죠?
   B: 那你坐出租汽车。 그럼, 택시를 타세요.
2. (1) A: 去竹田邮局怎么走? 죽전 우체국 어떻게 가죠?
   B: 你在前面向右转，走到底。 앞에서 오른쪽으로 돌아 끝까지 가세요.
   (2) A: 去首尔银行怎么走? 서울은행 어떻게 가죠?
   B: 你到十字路口向右拐，走到底? 네거리에서 우회전하여 끝까지 가세요.
   (3) A: 去龙仁市政府怎么走? 용인시청 어떻게 가죠?
   B: 你到十字路口向左转，走到底。 네거리에서 좌회전하여 끝까지 가세요.

회화 2의 교체 확장 연습

1. (1) A: 她是谁? 그녀는 누구죠?
   B: 她是我们学校最漂亮的女同学。 그녀는 우리 학교에서 제일 예쁜 여학생이에요.
   (2) A: 那是什么? 저것은 무엇이죠?
   B: 那是我们学校最贵的东西。 저것은 우리 학교에서 제일 비싼 물건이에요.
   (3) A: 他是谁? 저 사람은 누구죠?
   B: 他是我们学校最帅的男同学。 저 사람은 우리 학교에서 제일 멋진 남학생이에요.
2. (1) A: 那是什么? 저것은 무엇이지요?
   B: 那是我学习的汉语课本。 저것은 내가 배우는 중국어 교재예요.
   (2) A: 她是谁? 그녀는 누구뇨?
   B: 她是我喜欢的女同学。 그녀는 내가 좋아하는 여학생이에요.
   (3) A: 这是什么? 이건 뭔가요?
   B: 这是我给你的生日礼物。 이건 당신에게 주는 생일 선물이에요.

그림 보고 답하기 1

(1) 到第二个交叉路口向左转。
(2) 到竹田站换乘班车。
(3) 往北走，过马路，左边就是。

그림 보고 답하기 2

(1) 人文馆在研究生楼前面。
(2) 体育馆在宿舍和图书馆中间。
(3) 法律系办公室在2楼。

연습 문제

1. (1) ① (2) ①
4. (1) 檀国大学 (2) 学生宿舍 (3) 班 (4) 较

5. (1) 你坐盆唐线，到竹田站下车。
   (2) 往前走到底。

제11과

회화 1의 교체 확장 연습

1. (1) 我坐地铁上班。 나는 지하철을 타고 출근한다.
   (2) 我们用汉语上课。 우리는 중국어로 수업한다.
2. (1) 我想吃面包。 나는 빵을 먹고 싶어.
   我不想吃面包。 나는 빵을 먹고 싶지 않아.
   (2) 他要喝可乐。 그는 콜라를 마시려고 한다.
   他不想喝可乐。 그는 콜라를 마시고 싶지 않다.

회화 2의 교체 확장 연습

1. (1) A: 这个房间怎么样? 이 방 어때요?
   B: 这个房间又大又干净。 이 방은 크고 깨끗해요.
   (2) A: 这个西瓜怎么样? 이 수박 어때요?
   B: 这个西瓜又新鲜又便宜。 이 수박은 싱싱하고 값도 싸요.
2. (1) A: 咖啡好喝吗? 커피 맛있어요?
   B: 好喝是好喝，就是太甜了。 맛있긴 맛있는데 너무 달아요.
   (2) A: 你喜欢吃中餐吗? 너 중국음식 좋아해?
   B: 喜欢是喜欢，就是太油了。 좋아하긴 하는데 너무 기름져.

그림 보고 답하기 1

(1) 我去电影院看电影。
(2) 她去公园散步。

그림 보고 답하기 2

(1) 那条小狗又乖又可爱。
(2) 我的男朋友又高又聪明。

연습 문제

1. (1) ② (2) ①
4. (1) 喜欢 (2) 便宜 (3) 陪 (4) 钱
5. (1) 明天我去超市买东西。
   (2) 这件衬衫又漂亮又便宜/又便宜又漂亮。

제12과

회화 1의 교체 확장 연습

1. (1) A: 你滑过雪吗? 너 스키 타 봤어?
   B: 我滑过雪。 나 스키 타 봤어.

/ 我没滑过雪。 나 스키 타 본 적 없어.

(2) A: 你住过北京饭店吗? 너 베이징호텔에 묵어 봤어?

B: 你住过北京饭店。 나 베이징호텔에 묵어 봤어.

/ 我没住过北京饭店。 나 베이징호텔에 묵어 본 적 없어.

2. (1) A: 你喜欢什么颜色的自行车? 너 어떤 색깔의 자전거가 마음에 들어?

B: 我喜欢蓝色的。 난 파랑색인 게 좋아.

(2) A: 你要这个手机吗? 너 이 핸드폰으로 할래?

B: 太贵了, 我要便宜的。 너무 비싸. 난 싼 걸로 할래.

회화 2의 교체 확장 연습

1. (1) A: 你能看中文书吗? 너 중국어로 된 책을 볼 수 있어?

B: 我能看中文书。 난 중국어로 된 책 볼 수 있어.

/我不能看中文书。 난 중국어로 된 책 못 봐.

(2) A: 明年能参加比赛吗? 내년에 시합에 참여할 수 있어요?

B: 明年能参加比赛。 내년에 시합에 참여할 수 있어요.

/ 明年不能参加比赛。 내년에 시합에 참여할 수 없어요.

2. (1) A: 今天是他的生日。送什么好呢? 오늘이 그의 생일이야. 뭘 선물하면 좋을까?

B: 他喜欢什么，就送什么。 그가 좋아하는 것을 선물해.

(2) A: 妈妈，要买多少葡萄? 엄마, 포도를 얼마큼 사야 돼요?

B: 你想买多少，就买多少。 네가 사고 싶은 만큼 사렴.

그림 보고 답하기 1

(1) A: 你打过乒乓球吗?

B: 我打过乒乓球。

(2) A: 你包过饺子吗?

B: 我包过饺子。

그림 보고 답하기 2

(1) A: 这儿能游泳吗?

B: 这儿不能游泳。

(2) A: 你能喝白酒吗?

B: 我能喝白酒。

연습 문제

1. (1) ③ (2) ①

4. (1) 有名 (2) 饭馆儿 (3) 习 (4) 客

5. (1) 我喜欢吃面条。

(2) 你吃过哪些?

제13과

회화 1의 교체 확장 연습

1. (1) A: 他在干什么呢? 그는 뭐 하고 있니?

B: 他在画画儿呢。 그는 그림을 그리고 있어.

(2) A: 他在干什么呢? 그는 뭐 하고 있어?

B: 他在洗碗呢。 그는 설거지를 하고 있어.

2. (1) A: 你跟他说了吗? 너 그에게 말했니?

B: 说了，已经跟他说了三遍。 말했지. 벌써 그에게 세 번 말했어.

(2) A: 你吃过烤鸭吗? 너 카오야 먹어 봤어?

B: 吃过，已经吃过两次。 먹어봤어. 벌써 두 번 먹어 봤어.

회화 2의 교체 확장 연습

1. (1)A: 窗户开着吗? 창문이 열려 있어요?

B: 窗户开着。 창문이 열려 있어요.

/ 窗户没(有)开着。 창문이 열려 있지 않아요.

(2) A: 妈妈抱着孩子吗? 엄마가 아이를 안고 있어요?

B: 妈妈抱着孩子。 엄마가 아이를 안고 있습니다.

/ 妈妈没(有)抱着孩子。 엄마가 아이를 안고 있지 않아요.

(3) A: 同学们等着老师吗? 학생들이 선생님을 기다리고 있습니까?

B: 同学们等着老师。 학생들이 선생님을 기다리고 있습니다.

/ 同学们没(有)等着老师。 학생들이 선생님을 기다리고 있지 않습니다.

2. (1) 我站着看棒球比赛。 나는 서서 야구시합을 본다.

(2) 我们喝着茶聊天儿。 우리는 차를 마시며 수다를 떤다.

(3) 他常常听着音乐跑步。 그는 항상 음악을 들으며 달리기를 한다.

그림 보고 답하기 1

(1) 他们在打网球呢。

(2) 他在看书呢。

그림 보고 답하기 2

(1) 没有，宝宝躺着。

(2) 没有，她坐着唱歌。

연습 문제

1. (1) ① (2) ②

4. (1) 电视 (2) 运动 (3) 能 (4) 好

5. (1) 我在学习呢。

(2) 今天不能踢足球。

제14과

회화 1의 교체 확장 연습

1. (1) A: 他说得怎么样? 그는 말하는 게 어때?

B: 他说得很流利。 그는 유창하게 말해요.

(2) A: 我跑得怎么样? 나 달리는 게 어때?

B: 你跑得很快! 너 아주 빨리 달린다!

2. (1) A: 你喝可乐还是(喝)果汁? 너 콜라 마실래, 아니면 과일 주스 마실래?
B: 我喝果汁。/ 我喝可乐。 나 과일 주스 마실래./나 콜라 마실래.
(2) A: 我们在学校见还是在地铁站见? 우리 학교에서 만날까, 지하철역에서 만날까?
B: 我们在地铁站见吧。/我们在学校见吧。 우리 지하철역에서 만나자./우리 학교에서 만나자.

회화 2의 교체 확장 연습

1. (1) A: 她生孩子了吗? 그녀가 아이를 낳았나요?
B: 快要生了。 곧 낳을 거예요.
(2) A: 飞机起飞了吗? 비행기가 이륙했어요?
B: 快要起飞了。 곧 이륙 할 거예요.

2. (1) A: 你下班了吗? 너 퇴근했니?
B: 六点就要下班了。 6시면 퇴근할 거야.
(2) A: 你吃饭了吗? 식사하셨어요?
B: 马上就要吃了。 금방 먹을 거예요.

그림 보고 답하기 1

(1) 他写得不整齐。
(2) 房间收拾得很干净。

그림 보고 답하기 2

(1) 快放暑假了。
(2) 电影快要开始了。

연습 문제

1. (1) ③ (2) ②
4. (1) 见面 (2) 时间 (3) 休 (4) 公
5. (1) 我打算跟高中同学见面。
(2) 时间过得真快。

듣기 대본

04과

1. 녹음을 듣고 대화와 어울리는 사진을 고르시오.

(1) A: 你困吗? 졸립니?
　B: 我很困。졸려.

(2) A: 再见! 안녕!
　B: 明天见! 내일 만나!

2. 녹음을 듣고 묻는 말에 답하시오.

(1) 您好!
(2) 再见!
(3) 你好吗?
(4) 对不起。

05과

1. 녹음을 듣고 대화와 어울리는 사진을 고르시오.

(1) A: 张小明是哪国人? 장샤오밍은 어느 나라 사람인가요?
　B: 她是中国人。그녀는 중국인입니다.

(2) A: 这是我的朋友，叫安娜。
　B: 认识你很高兴。
　C: 认识你我也很高兴。

2. 녹음을 듣고 묻는 말에 답하시오.

(1) 你叫什么名字?
(2) 你是哪国人?
(3) 你的朋友是美国人吗?
(4) 认识你很高兴。

06과

1. 녹음을 듣고 대화와 어울리는 사진을 고르시오.

(1) A: 你做什么工作? 당신은 무슨 일을 하십니까?
B: 我是医生。저는 의사입니다.

(2) A: 他家有几口人? 그는 가족이 몇 명이에요?
B: 他家有四口人。네 명이에요.

2. 녹음을 듣고 묻는 말에 답하시오.

(1) 你今年多大?
(2) 你家有几口人?
(3) 你爸爸做什么工作?
(4) 你有没有中国朋友?

07과

1. 녹음을 듣고 대화와 어울리는 그림을 고르시오.

(1) A: 今年的圣诞节是星期几? 올해 크리스마스는 무슨 요일이야?
B: 今年12月25号是星期六。금년 12월 25일은 토요일이야.

(2) A: 现在几点几分? 지금 몇 시 몇 분이니?
B: 现在八点半。지금 8시 반이야.

2. 녹음을 듣고 묻는 말에 답하시오.

(1) 今天几年几月几号?
(2) 今天星期几?
(3) 现在北京时间几点?
(4) 你的生日几月几号?

08과

1. 녹음을 듣고 대화와 어울리는 사진을 고르시오.

(1) A: 昨天你几点睡觉? 어제 너 몇 시에 잤어?
B: 我昨天晚上差一刻十二点睡觉。나 어제 밤 15분 전 12시에 잤어.

(2) A: 下午你做什么? 오후에 너 뭐해?

B: 我打壁球。나 스쿼시해.

2. 녹음을 듣고 묻는 말에 답하시오.

(1) 星期五你几点上学?

(2) 你的朋友在哪儿打工?

(3) 明天我们在哪儿见呢?

(4) 这个星期天你做什么?

09과

1. 녹음을 듣고 대화와 어울리는 사진을 고르시오.

(1) A: 这学期你选了哪些课? 이번 학기에 너 어떤 과목 신청했어?

B: 我选了大学英语和汉语口语课。 대학영어랑 중국어회화 수업 신청했어.

(2) A: 你修完了多少学分? 너 몇 학점 이수했어?

B: 我修完了16个学分。나 16학점 이수했어.

2. 녹음을 듣고 묻는 말에 답하시오.

(1) 这学期你选了几门课?

(2) 你一天上几个小时的课?

(3) 昨天你考完了什么课?

(4) 昨天晚上你复习到几点?

10과

1. 녹음을 듣고 대화와 어울리는 사진을 고르시오.

(1) A: 去檀国大学天安校区怎么走? 단국대학교 천안캠퍼스에 어떻게 가요?

B: 你坐地铁或公共汽车。지하철이나 버스를 타세요.

(2) A: 檀国大学医院在哪儿? 단국대학교 병원은 어디에 있어요?

B: 檀国大学医院在天安校区。단국대학교 병원은 천안 캠퍼스에 있습니다.

2. 녹음을 듣고 묻는 말에 답하시오.

(1) 去檀国大学怎么走?

(2) 到檀国大学坐几路车?

(3) 檀国大学在哪儿?

(4) 中文系的办公室在哪儿?

11과

1. 녹음을 듣고 대화와 어울리는 사진을 고르시오.

(1) A: 这件衬衫怎么样? 이 셔츠 어때?

B: 又漂亮又便宜。예쁘고 저렴해.

(2) A: 这个菜好吃吗? 이 요리 맛있어?

B: 好吃是好吃，但是有点儿辣。맛있기는 한데, 조금 매워.

2. 녹음을 듣고 묻는 말에 답하시오.

(1) 你去买什么?

(2) 谁陪你去看电影?

(3) 你的裤子怎么样?

(4) 你要喝一点儿什么?

12과

1. 녹음을 듣고 대화와 어울리는 사진을 고르시오.

(1) A: 你吃过中国菜吗? 너 중국음식 먹어봤어?

B: 对，我很喜欢吃中国菜。응. 나 중국음식 좋아해.

(2) A: 你能看中文书吗? 너 중국어책 볼 수 있어?

B: 没问题! 문제없지!

2. 녹음을 듣고 묻는 말에 답하시오.

(1) 喝茶, 你习惯了吗?

(2) 你看过哪些中国电影?
(3) 你能吃辣的吗?
(4) 你最喜欢吃的是什么?

13과

1. 녹음을 듣고 대화와 어울리는 사진을 고르시오.

(1) A: 你在干什么? 너 뭐하고 있어?
B: 我在听着音乐呢。나 음악 듣고 있어.

(2) A: 你有什么爱好? 넌 어떤 취미가 있니?
B: 我喜欢运动。난 운동 좋아해.

2. 녹음을 듣고 묻는 말에 답하시오.

(1) 你在干什么?
(2) 你喜欢运动吗?
(3) 你喜欢什么运动?
(4) 你还有什么爱好?

14과

1. 녹음을 듣고 대화와 어울리는 사진을 고르시오.

(1) A: 你最近过得怎么样? 너 요즘 어떻게 지내니?
B: 过得挺忙的。바쁘게 지내.

(2) A: 毕业以后，你有什么计划? 졸업하고 어떤 계획이 있어?
B: 我想在贸易公司工作。 나는 무역회사에서 근무하고 싶어.

2. 녹음을 듣고 묻는 말에 답하시오.

(1) 周末你打算做什么?
(2) 你上个周末过得怎么样。
(3) 你想做什么工作?
(4) 你什么时候毕业?

Note

Note

Note